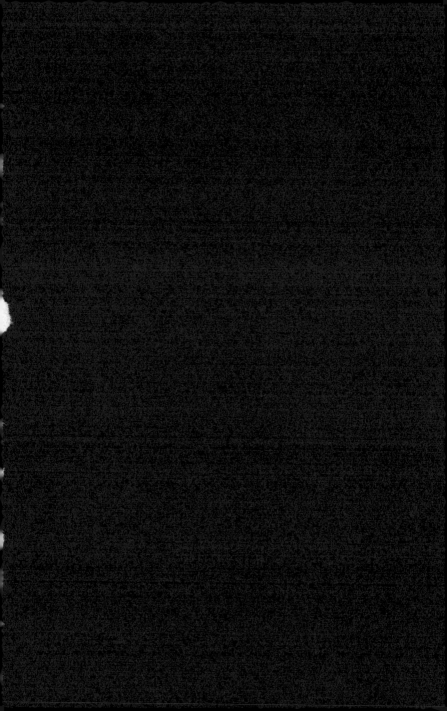

THE ADVICE TRAP

マイケル・バンゲイ・スタニエ
深町あおい 訳

アドバイスしてはいけない

部下も組織も劇的にうまくいくコーチングの技術

Discover

The Advice Trap
by Michael Bungay Stanier

Japanese translation rights arranged with
TRANSATLANTIC LITERARY AGENCY INC.
through Japan UNI Agency, Inc., Tokyo

本書はコーチになるための本ではありません

前著『リーダーが覚えるコーチングメソッド——7つの質問でチームが劇的に進化する』（パンローリング、2017）と同様、コーチらしい行動ができる上司、リーダー、人物になるための本です。

つまり、自分の「アドバイス・モンスター」を手なずけるという、単純ながら難しい習慣を身につけるということです。そうすれば、相手に対してもう少し長く関心を持ち続け、すぐにアドバイスをするのではなく、ゆっくり時間をとろうと思うようになるでしょう。

手軽に読める実用的な本なので、ぜひ楽しんでください。

——マイケル・バンゲイ・スタニエ

推薦のことば

コーチのような上司であることとコーチングを受けることは、マイクロソフト社の文化の中心を成す要素である。優秀な人材はそうして成長し、活躍する。マイケル・バンゲイ・スタニエは、我々のコーチングに対する考え方、つまりコーチングが成長マインドセットを活性化するという考えを、見事に進化させて示してくれた。

——ジャンフィリップ・クルトワ

（マイクロソフト・コーポレーション エグゼクティブ・バイス・プレジデント
兼グローバルセールス マーケティング＆オペレーションズ担当プレジデント）

この本は真実を教えてくれる。優れたリーダーが自分でやる仕事を減らせば、周りからより多くを引き出せるのだ。しかし、自分の仕事を減らすのは辛く難しい。幸運なことに、この問題にどう取り組めばよいか、マイケル・バンゲイ・スタニエは独特のウィットを効かせながら明快に説いてくれる。おかげで、この「難しい変化」はずっと易しくなった。

——リズ・ワイズマン

（『メンバーの才能を開花させる技法』『ルーキー・スマート』著者）

簡潔で説得力があり、本当のことを伝えている。マイケル・バンゲイ・スタニエはまたしても大事な警鐘を鳴らしてくれている。

——セス・ゴーディン

（『THIS IS MARKETING 市場を動かす』著者）

『アドバイスをしてはいけない』は、官僚的な惰性から抜け出すための本だ。これを読まずしてリーダーにはなれない。

——ジェニファー・ペイラー

（IBMピープル・エンジニア、エグゼクティブ・リーダーシップ開発、エンタープライズオペレーションズ＆サービシズ・コーチングリーダー）

＊肩書はいずれも原書の発行当時。

本書をピーター・ブロックに捧げる。10年以上前、彼は私のデビュー本『Get Unstuck & Get Going（行き詰まらないで、さあ行こう）』のために親切にも推薦文を書いてくれた。推薦文というのは薄っぺらな内容になりがちだ。派手なことを言って本を売り出すための仕掛けなのだから、理解はできる。けれども、ピーターのそれは違った。彼はこう書いてくれたのだ。「この本には、静かな政治的メッセージが込められている……コーチングは決してプロの仕事ではなく、私たちの誰もが身につけられる、人との向き合い方なのだ」

この所見はそのまま私の仕事、そしてボックス・オブ・クレヨンズ社の事業の存在価値となった。

私たちは、コーチングを民主化したいと考えている。相手や相手の話により長く関心を持ち続ける能力は、私たちを一段上のレベルへと引き上げてくれるからだ。この使命を最初に指し示してくれたピーターに、私は心から感謝する。

アドバイスしてはいけない

目次

INTRODUCTION

アドバイスの罠にはまるな

PART 1

アドバイス・モンスターを手なずける

The Advice Trap

02 アドバイス・モンスターをいかに手なずけるか……45

PART 2

相手に関心を持ち続ける

The Advice Trap

03 出口を封じる……139

The Advice Trap

04 浸透させる……167

実践編4

The Advice Trap

05 過去の不安を取り除く……185

実践編5

PART 3

コーチングの習慣をものにする

CONCLUSION

裸で舞台へ

答え方によって、
その人が
利口かどうかが
わかる。
尋ね方によって、
その人が
聡明かどうかが
わかる。

――ナギーブ・マフフーズ

INTRODUCTION

アドバイスの罠にはまるな

私の前著『リーダーが覚えるコーチングメソッド』は、一般の人による一般の人のためのコーチングに関する本だった。そこでは、コーチらしくなるための要となる7つの質問と、質問の効果が最も上がる問いかけ方について解説した。まだ読んでいない人のために簡単にお伝えすると、自分が話す時間を減らし、問いかけを増やせば、労せずして大きな効果を出せるという内容だ。相手にもう少し長く関心を持ち続け、急いでアドバイスをしようとせずにゆっくり時間をとる。そのようなコーチングの習慣を身につけようと説いた。

その本は大きな反響を呼んだ。50万部以上を売り上げ、世界各地のあらゆる組織で読まれている。しかし、コーチらしく振る舞い、相手に長く関心を持ち続けるのは、案外難しいということもわかってきた。どんな善意があるにしても、つい一言言いたくなる。

そう、私たちはアドバイスをするのが大好きなのだ。誰かが話し出すやいなや、関心を持とうという意識は消え失せ、自分の中の「アドバイス・モンスター」が無意識のうちに顔を出して、両手をこすり合わせながらこう宣言する。「この話、私の力でぜひとも有意義にしてあげよう！　さあ何を言おうか！」

これが、私が言う「**アドバイスの罠**」だ。アドバイスをする管理スタイルが標準と化している状態を指す。あなたもきっとこの罠にはまっているはずだ。そして、相手との普段のやり取りは、きっとこんな調子だろう。

言う言う言う言う言う言う言う言う言う言う言う言う言う言う
言う言う言う言う言う言う言う言う言う言う言う言う言う言う
言う言う言う言う言う言う言う言う言う言う言う言う言う言う
言う言う言う訊く言う言う言う言う言う言う言う言う言う言う
言う言う言う言う言う言う言う言う言う言う言う言う言う言う
言う言う言う言う言う言う言う言う言う言う言う言う言う言う
言う言う言う言う言う言う言う言う言う言う言う言う言う言う
言う言う言う言う言う言う言う言う言う言う言う言う言う言う
言う言う言う言う言う言う言う言う言う言う言う言う言う言う
言う言う言う言う言う言う言う言う言う言う言う訊く言う言う
言う言う言う言う言う言う言う言う言う言う言う言う言う言う
言う言う言う言う言う言う言う言う言う言う言う言う言う言う
言う言う言う言う言う言う言う言う言う言う言う言う言う言う
言う言う言う言う言う言う言う言う言う言う言う言う言う言う
言う言う言う言う言う言う言う言う言う言う言う言う言う言う
言う言う言う言う訊く言う言う言う言う言う言う言う言う言う
言う言う言う言う言う言う言う言う言う言う言う言う言う言う

▽そのアドバイスは役に立たない

もちろん、うまくいくときもあるだろう。よく考えた有益なアドバイスを伝えたことも、この1日、2日のうちにはあったかもしれない。しかし、あなたのアドバイスは思うより効果はなく、しかも効果がないケースは思うより多いのだ。

まず挙げられる理由が2つある。

①違う問題を見ている

たいてい、あなたは間違った問題に対して（内容はともかく）考えや解決法を伝授している。相手が最初に持ち出す課題こそが、真の課題だと思い込んでいる。そうであることは、ほぼない。ところが、力になってやろうとうずうずしているために、実際は解決する必要のない事案でも目の前にまず現れれば、すぐに飛びついて解決しようとするのだ。

今このときも、組織の至るところで従業員たちがさして重要でない案件に一生懸命取り組んでいる。上司が真の課題を探り出すために関心を持ち続けようとしなかったからだ。アドバイスをしようと急ぐのは、お金や資源、エネルギー、人生の無駄である。

②凡庸な策を言っている

①の過ちを回避して、あなたが正しい課題に向き合ったとしよう。最初に出てきた課題に飛びつくのではなく、時間をとって、解決すべき問題を把握した。そこまではよくできたといえる。

しかし今度は残念ながら、自分が思うほど良いとはとてもいえない解決策を授けているのだ。

あなたの考えがたいがい重要ではないのには、いくつか理由がある。

まず、**全体像を把握していない**。持っているのは、数少ない事実、あらゆる思い込み、あふれるくらいの私見、そして海ほど限りなく広がる憶測だ。何が起こっているのか自分はわかっていると思い込んでいる。脳は目の前のことからパターンを見つけ出し、知っている話と勝手に関連づけて、自分が確かに理解していると思えるように働く。しかし、実はわかっていない。見えているのはほんのわずかな真実で、残りの大部分は憶測に過ぎないのだ。

これに加えて、**自己奉仕バイアス**というものがある。行動科学の用語で、自分が考えることとは素晴らしいと過度に信じたがる傾向を指す。人に意見したくなるのは当然である。自分の言うことはどれも金言なのだ！（当人はおそらく車の運転も平均以上の腕前だと思っている）

さらには、組織の特質として「**最初のアイデア病**」というものがある。最初に提案されたアイデアが現実的で、奇抜でない限り、それがそのまま採用されやすくなる傾向だ。背景には、今述べた理由のほかに、時間的制約、妥当ではない提案を言うことへの不安、安全な選択に対する安心感がある。より良い選択肢をさらに考えるより最初の平凡なアイデアに皆で飛びつくのだが、これが最良の選択であることはまずない。

話はここで終わらない。アドバイスの罠による害は、問題を解決できない一時的な挫折よりさらに深いところにまで及ぶのだ。

▽リーダーシップの危機

アドバイスの罠に陥ることの真の代償は、個人間や部署内、組織を通じて機能不全な働き方が繰り返される点だ。人材開発企業「ゼンガー・フォークマン」のジョー・フォークマンによると、アドバイスをするのがデフォルトとなっているリーダーは、「他人からのフィードバックを受けつけず、人にあまり好かれず、人を育てるのも得意ではない」と言う。リーダーシップ研究のリズ・ワイズマンも、コーチのように相手に問いかける「知的関心」を特徴として持っているかどうかが、組織に影響を与える優れたリーダー（「増幅型リーダー」と呼ぶ）と与えないリーダーとの大きな違いだという。

アドバイスをするのが主たる流儀である場合、4つの面において悪影響が出る。

PLUS α

リズ・ワイズマンが提唱する「増幅型リーダー」や、関心によって導かれる文化の利点のさらなる情報は、本書の末尾にある「ボックス・オブ・クレヨンズ・ラボ」に掲載している。（↓２４３ページ）

①アドバイスを受ける人がやる気をなくす

ダニエル・ピンクは著書『モチベーション3・0 持続する「やる気！」をいかに引き出すか』（講談社、２０１０）の中で、人を動機づける力として、自主性、専門性、目的意識の３つを挙げている。

ある人が常にアドバイスを受ける側に立たされ、自分のアイデアを出す余地も与えられなければ、その自主性と専門性は確実に落ちるだろうし、目的意識もそうなる可能性は高い。人に指図されるとはすなわち、最善の意図がそこにあろうとも、自ら考えるのではなく他人の考えを実行することだけを求められるという意味だ。ベストを尽くそうとか、創造性やコミットメント、スキルを駆使しよう、リーダーシップを発揮して新しいことに挑戦しようという気には当然ならない。結果的に、リーダーは、自分に頼ってばかりの組織を率いることになる。何でもリーダーに聞かないとできない、自立心や自主性を売り渡してしまったかのような組織しかそこでは育たないのだ。

②アドバイスをする人が忙殺される

望まれてもいないし、自分が思うほど優れてもいないアドバイスをして相手のやる気や自信を失わせる話はとりあえず脇に置くとしよう。アドバイスを与えるのを常態化させると、すでに忙しい自分がさらに余計な仕事や責任を自ら引き受けることになる。自分の仕事だけでなく、他人の仕事までしてあげているのだ。新たな価値を生む仕事に費やす時間も心の余裕も、もはやない。

このように忙殺されている状況にいるとき、たいてい自分は職場のボトルネックになっている。自分に情報を集め過ぎ、管理も過剰になっており、結局①の話に戻る。つまり、アドバイスの罠によって、アドバイスを受ける側が、本来は負うべき仕事や結果に対する責任を負えないために、やる気をなくすのだ。

③結果を出せない職場になる

アドバイスの罠は、アドバイスを与える側と受ける側の双方を害するだけでなく、職場全体をも駄目にする。やる気を失った人間と忙殺された人間でできているチームは、真の課題を見つけ出して注力する力に欠ける。双方とも忙しく働いているが、必ずしも協力しながらやっているわけでも順調に進んでいるわけでもなく、おそらく大きな成果を出すような仕事もしておらず、自分の果たすべき責任をはっきりとわかっていない。
アドバイスの罠にはまったチームでは、それぞれの力を足し合わせた以上の能力が引き出されることはないのだ。

④組織全体の変革を妨げる

企業の上層部は、直近のチームの効率性以上のことに責任を負っている。組織が目指す方向や戦略的重点を指し示して社員を率いなければならない。組織はおそらく変革の最中であり——現代の組織は常に変革を続けている——、経営陣は環境に素早く反応してかじを切り、将来図を描いて見せる必要がある。

しかし、「アドバイスをする習慣」は、これらすべてをできなくする。無駄な仕事をつくり、革新の機運を失わせ、成功に向けて事業展開する力も削ぐ。経営者は自らを機敏に動けなくしているばかりか、社員の満足感や向上心も失わせている。アドバイスの習慣があるかぎり、会社のヒエラルキーや仕事のあり方は現状維持され、組織は行き詰まるのだ。

アドバイスの罠：

効果がさほどないのに、
私たちはいつも
アドバイスをしたがる。

▽相手に関心をより長く持ち続ける

本書では、前著（リーダーが覚えるコーチングメソッド）が終わったところから話を始めて、「どのようにして」コーチのようになるのかという点を重視する。この本を手引き、戦略本、練習場、道場……どう呼んでも構わないが、自分の行動を変える方法をより深く探るために使ってほしい。

PART1では、自分の行動をどのようにして変えるか、そしてアドバイスをする習慣から脱するのがなぜこれほど難しいのかを探る。まず、「簡単な変化vs．難しい変化」について理解してから、アドバイス・モンスターの手なずけ方について4つのステップを取り上げる。行動を変えるには、同じ態度やお決まりの快適パターンを続ける要因となっている障害を自分の中から除去しなければならない。行動を変えることで、将来の自分が発揮するリーダーシップへの道がいかに拓けるかも見ていく。

PART2では、関心をより長く持つために最適なツールを具体的に紹介する。それぞれについてスローガンを掲げる。「コーチングはシンプル」「真の課題を見つけ出す」「出口を封じる」「浸透させる」「過去の不安を取り除く」の5つだ。どれも、コーチのように振る舞いながら日常的かつパワフルにリーダーシップを発揮するのに役立つ。各スローガンの説明のあとには、ノーベル賞受賞者や世界王者のアスリート、ハリウッドスターらの知見に基づいた実践法を伝えるページがある。

ＰＡＲＴ３では、「コーチングの習慣」の構築について説明する。最初に、コーチングを極める秘訣、なかでも「寛大になる」ことの重要性についてお伝えする。次に、立場を変えてコーチングを受ける側に回り、「無防備になる」練習をしてもらう。そして、自分が質問するのではなく質問を受ける側に立ったとき、そこから最大限の成果を得るにはどう振る舞うべきか考える。

この本で展開する主張の根拠を知りたい人は、巻末の「ボックス・オブ・クレヨンズ・ラボ」のページを参照してほしい。私たちの考えを裏づける研究のほか、たくさんの情報が詰まっている。

▽このあとの展開

念のため予告しておこう。アドバイスの罠から逃れ、アドバイス・モンスターを手なずけるのは、そう簡単なことではない。これまで長年続けてきた振る舞いの根本を転換させるのだ。しかし、この本と、新しい習慣と行動を獲得しようという覚悟があれば、あなたのリーダーシップのあり方を永遠に変える機会になるだろう。

おっと、もう一点！　人にアドバイスをしないよう、アドバイスをする本を書いているという皮肉は自分でも完全にわかっている。逆説という考え方があることをありがたく受け止め、本書もそういうことだとしておこう。

PART 1

アドバイス・モンスターを手なずける

新しいスマホに慣れるのは簡単。なのに志を貫くのはなぜ難しいのか？

The Advice Trap 01

簡単な変化 vs. 難しい変化

▽2種類の変化

「変化するのは難しい」と人は言うが、正直な話、たいがいそうでもない。私たちはこれまでの人生であらゆることを学び、あらゆる変化を遂げてきた。

映画やテレビ番組をネットでストリーミングする方法は知っているか？　もちろんんだ。新しい仕事を始めたときもしばらくすれば要領をつかめただろう？　もちろん。新しい通勤ルート、新しいスキル、新しい人間関係。何もわからないところから始めて、手順や作法を覚え、繰り返し経験して上達し、最終的にはものにした。これは「簡単な変化」で、私たちが得意とするところだ（33ページ図）。

一方、「難しい変化」もある。当然、こちらはより厄介だ。見事に変化をやり遂げたときもあれば、手こずって失敗したときも少なくないだろう。新年の抱負を立てたものの、果たせず翌年も同じ抱負を立て、また翌年も、さらに翌年も……そしてまた今年も立てたが、いまだに達成できそうにない……のであれば、あなたはおそらく「難しい変化」に挑戦している。年次の業績評価で、どんなに改善の努力をしても必ず常に指摘される点があるのなら、それも「難しい変化」をしようとしている。やりたくないのに同じことをやり続けていて家族をイライラさせているなら、やはり「難しい変化」に直面している（34ページ図）。

[「簡単な変化」でたどる流れ]

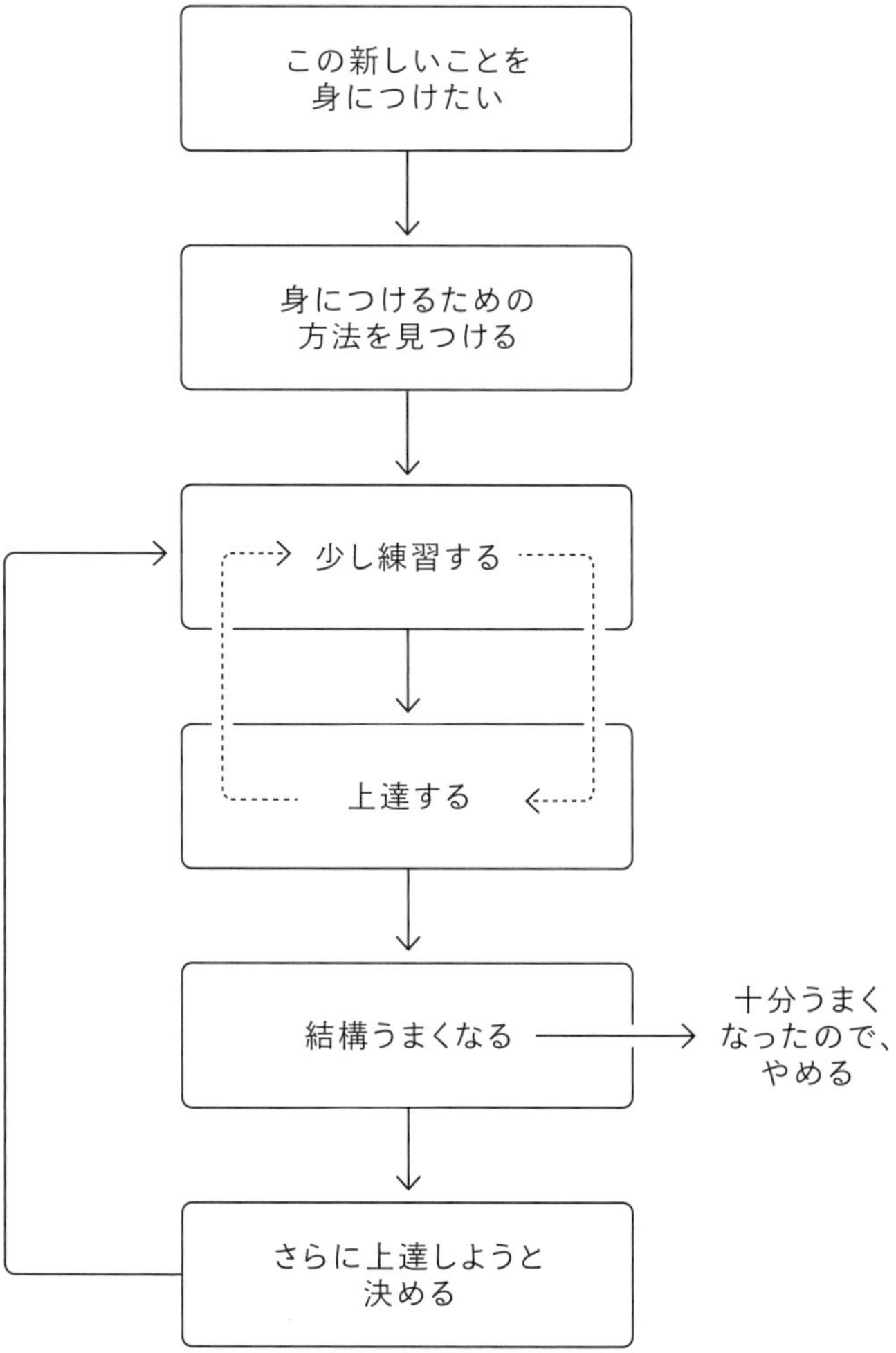

［「難しい変化」でたどる流れ］

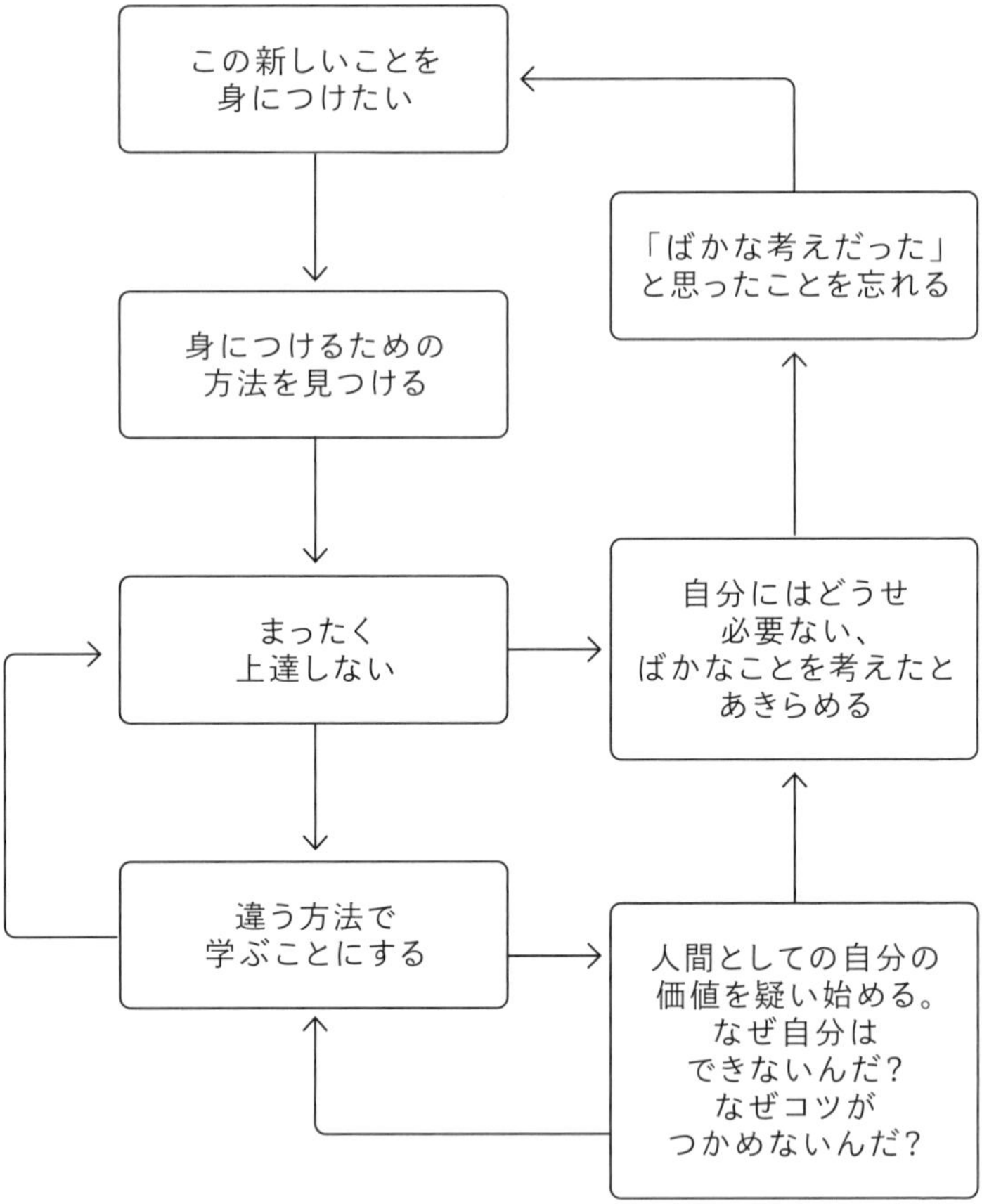

「簡単な変化」がほぼ直線的に進むのは、課題がはっきりしていて解決法も見えているからだ。その解法は付加的といえる。つまり、必要なものを把握し、すでに使いこなしている手法に追加するだけでよい。スマートフォンに新しいアプリをダウンロードするのと同じだ。

「難しい変化」はより手強い。腹立たしいことに、「簡単な変化」の解法は通用しない。何回やってもうまくいかない。アプリをダウンロードするだけでは解決しないのだ。しまいには使えないアプリだらけになる。実際ここで必要なのは、新しいOS（オペレーティング・システム）なのだ。

▽アドバイス・モンスターを手なずけるのは「難しい変化」

コーチらしく行動するのは、少数の人にとっては「簡単な変化」だ。これらのラッキーな人たちから私は感謝のメールをもらったこともある。「あなたが書いた本のおかげで、指導者として生まれ変われました。これは奇跡です！」こんな反応をいただくと、私も嬉しい。

しかし、ここからが問題である。実は大多数の人が同じ奇跡を経験できていないのだ。この事実を私が飲み込めるまで、少し時間がかかった。

自分の中のアドバイス・モンスターを手なずけるのは、明らかに「難しい変化」だ。そうである限り、私がコーチングにおける最善の質問を読者に伝えるだけでは、長続きする変化は期待できない。これらのツールが本当に役に立つには、当人がコーチらしく行動するために必要な「難しい変化」と真正面から取り組まなければならない。

結局、これは「現在の自分」と「将来の自分」との闘いなのだ。

「難しい変化」に新しいアプリは要らない。必要なのは新しいOS《オペレーティング・システム》だ。

▽「現在の自分」vs.「将来の自分」――マシュマロ問題

「簡単な変化」は「現在の自分」のほころびを直す程度だが、「難しい変化」は「将来の自分」を土台から築く。

これは、よく知られたマシュマロ実験の大人版ともいえる。

この実験では、子どもたちが1つのマシュマロと1つの選択肢を与えられた。マシュマロを15分食べずに我慢できたらマシュマロをもう1つもらえる……「将来の自分」の勝利！　というわけだ。一方で、誘惑に負ければ「現在の自分」が目の前のマシュマロ1つをもらう……「将来の自分」の負けだ。

「難しい変化」を起こすには、「現在の自分」が慣れ親しんでいるものを拒絶する必要がある。拒絶することで、約束された未来の報酬を引き寄せられるのだ。短期的な勝利の誘惑が常にある中で、より長期的で難しく大きなゲームをプレーする。自分の信条や価値観、役割、人間関係、これまでの行動を変えることになる。不快な、難しい作業だ。けれども、これにより人生が変わるのだ。

PLUS α マシュマロ実験に関する最近の議論は巻末の「ボックス・オブ・クレヨンズ・ラボ」で読める。(↓244ページ)

「将来の自分」を築く過程では、挫折を何回か経験するだろう。かつての無益な手法に逆戻りするのは不愉快だし恥ずかしくもある。何しろ、アドバイスをするのが常に最善のリーダーシップとはいえない、と以前から感じていた節があるのだ。

アドバイスが用をなさない3つの原因、つまり間違った課題、間違ったアドバイス、間違ったリーダーシップの少なくとも1つに、おそらく過去にも気づいたことがあるはずだ。なぜなら、これらの問題は私たちの働き方の一部になっていて、よく目にするから。そして、これらがお決まりのパターンであり続けるのは、（アドバイス・モンスターに屈している）「現在の自分」が、（相手への好奇心をもう少し長く持ち続けようとする）「将来の自分」を打ち負かしているからだ。

しかし、コーチらしく行動すべきだとわかっているだけでは十分ではない。変わろうとコミットしても、まだ足りない。お決まりのパターンを破り、自分のアドバイス・モンスターを手なずけるには、知識やコミットメント以上のことが必要になる。まずは、なぜ私たちが駄目な行動をとりたがるのか、深く探ることから始めなくてはいけない。

▽人はなぜ問題行動をとってしまうのか

人が問題行動をとるのは、それが悪いことばかりではないからだ。

本当に欲しいものではないにしても、何らかの利益、すぐ手に入る小さな成功を得られる。「将来の自分」が得られる大きな成功を引き換えにしても、「現在の自分」を一時的でもあと押ししてもらえる。これらの利益を「今だけの成功」と呼ぶ。

「現在の自分」の小さな「今だけの成功」と、「将来の自分」の大きな損失が混在する良い例が、私が前著で参照したカープマンのドラマ・トライアングル（KDT）だ。

医師でもあるスティーブン・カープマン博士は、分析交流（TA）〔訳注・人と人との交流に注目し、人間関係の改善や個人の成長を目指す心理療法〕における力学を説明するために、このモデルを考案した。KDTモデルは、日常生活で人が陥る三角関係のパターンを明らかにしている。そこで人が演じる3つの役割は、被害者（Victim）、迫害者（Persecutor）、救済者（Rescuer）だ。

KDTに陥り、3つのどれかの役割を演じる（実に誰もがあらゆる機会に、おそらくこの24時間以内にも、すべての役割を演じている）ことには、短期的かつ限定的なプラス面と、長期的なマイナス面がある。

たとえば、被害者の役割を見てみよう。かなり損な役回りだ。追い詰められ、自分で打開する力もない。泣き言を言い、悲しみに浸り、怒り、周りから駄目だと見られていると思っている……のだが、この役割にも「今だけの成功」はあって、現在の状況は他人のせいだ（「あの人たち」が悪い）と責められるし、自分は責任を回避できるし、被害者を救いたい人たちの注目を集められる。

迫害者の役割はどうか。マイナス面としては、いらいらして、怒りを抱え、どなり散らし、孤立し、疲弊して、精神的に打ちのめされている。一方、「今だけの成功」は、事がうまくいかないのは他人が駄目だからだと批判できる、のろまな仲間に対して優越感を持てる、自分が物事を牛耳っているという幻想を持てる、自分の怒りは当然で「正しい」と思えることだ。

救済者は、多くの人がイメージしやすい役割だ。疲弊しつつも、周囲の人間関係や状況を繰り返し立て直している。他人のあらゆる問題に首を突っ込むために、自分の仕事に集中できずいら立っている。さらに厄介なことに、人は自分の世話ができないものだと承知して行動するために、被害者、迫害者という役回りを成り立たせ、ＫＤＴの関係性を永続化させている。

それでは救済者にとっての「今だけの成功」は何か。目の前の人または状況、職場、組織、はたまた世界を救おうとしている自分の行動が誰にも評価されないが故の崇高な苦難の感覚、他人の問題に（もちろん、親切に）干渉することに対する満足感を得られる点だ。

「現在の自分」のほころびを直すより、「将来の自分」の土台を築こう。

▽ここから始まる

「今だけの成功」を見れば、どんな選択にも、私の友人マーク・ボウデン〔訳注・作家、ボディランゲージの専門家〕が言う「ほうびと罰」があることがわかる。利益（ほうび）もコスト（罰）も常にあるのだ。変化しなければ、「現在の自分」は短期的な利益を得るが、「将来の自分」は利益を取り逃がす。逆に「難しい変化」に取り組むと決めた人は、「将来の自分」のための大きくて長期的な「ほうび」を選ぶと宣言しているのだ。

リーダーシップを重んじる「将来の自分」になるには、アドバイス・モンスターを手なずけなければならない。ほとんどの人にとっては「難しい変化」になる。それを少しでも易しくするためのすべてを、これから伝えたい。

▽この項で最も役に立った、または大事だと思った話は？

次項へ読み進める前に、この項で覚えておきたい点を1つか2つ、挙げてほしい。それを書き留めておくと、頭に残りやすくなる。

The Advice Trap 02

アドバイス・モンスターをいかに手なずけるか

オーストラリアで幼少期を過ごしていた当時、私と兄弟は1つのおめかしボックスなるものを持っていた。それは魔法の箱で、あらゆるトップスにネクタイ、帽子、アクセサリー、たくさんの大人のお下がり服、そしてちょっと特別なもの（スーパーマンのマント、仮面、スキーグローブ……）がそろっていた。スーパーヒーローから列車の車掌、さらには真珠のネックレスにハイヒール、羽毛のスカーフをまとったきらびやかな姿へと難なく早変わりできた。

このようにさまざまに扮装《ふんそう》できるのは、私だけではない。あなたのアドバイス・モンスターも同じだ。実際、このモンスターは3つの異なる人格を演じる。「教えたがり（Tell-It）」「助けたがり（Save-It）」「コントロールしたがり（Control-It）」という3つの人格だ。

▽アドバイス・モンスター3つの顔 その1　教えたがり

アドバイス・モンスターが演じる、最もやかましくてわかりやすい人格が「教えたがり」だ。このモンスターはあなたに対し、あなたは答えを示すために会社に雇われているのだと説く。答えを示せなければ、管理者として失格だ。答えを示すことでしか、あなたは付加価値を生み出せない。答えを示すことが、成功者として認められる唯一の道だとあなたに言い聞かせる。

アドバイス・モンスター3つの顔——

教えたがり、助けたがり、コントロールしたがり

観察メモ

・注目を集めるのが好き。
・権威、年功、分別、特権、「私が一番よくわかっている」という態度で着飾る。
・時間がなくて急を要するとき（実際、そのようなときが常である）に姿を現す。
・集団行動をする。会話の参加者全員が答えを出したがることもよくある。
・自分が一番よく知っている人間だと、あなたに思い込ませようとする。

▽アドバイス・モンスター3つの顔 その2　助けたがり

アドバイス・モンスターがよく演じる2つ目の人格は「助けたがり」だ。「教えたがり」と比べると、おとなしく、そこまで自信たっぷりには見えないが、実は同じくらい広範囲に出没して悪影響を及ぼす。このモンスターは、あなたを脇に連れていき、熱くこう訴える。「あなたがこの場をまとめなければ、すべてが失敗する」。あなたの仕事は、すべての人員、すべての状況、すべての結果に全責任を持つことだ。迷ったら（迷っていなくても）、あなたが助けるようにと、モンスターは言う。

答えを言えるように！

あなたが教えなければ、
何も解決せず、失敗する。

すべてに責任を持つように！

あなたがすべてを引き受けて
場をまとめなければ、失敗する。

常に掌握しているように！

あなたがコントロールして
取り仕切らなければ、失敗する。

観察メモ

・平凡に見えて、「役に立っている」ふりをするのがうまい。
・特に対立が発生しそうなときに、うろつき回る。
・今にも燃え尽きそうな殉教者じみた空気を醸し出す。
・「被害者」の役割にいる人を見つけたときに最も奮い立つ。
・この組織で自分が一番責任感のある人間だと、あなたに思い込ませようとする。

▽アドバイス・モンスター3つの顔 その3　コントロールしたがり

アドバイス・モンスターがよく演じる3つ目の人格が「コントロールしたがり」だ。3つのうち最も巧妙に動く人格である。影の指揮者として、あなたに対して重みのある優しい口調で、どんなときもその場を仕切ることが唯一の成功への道だとささやく。どんなときも、だ。かじを取っているかぎり、すべてを思いどおりに動かせる。他人を信じるな。権力を誰かと分かつな。指揮権を譲るな。仕切りが少しでも甘くなれば、組織全体に災難が降りかかるとあなたに吹き込む。

・常に存在するが、裏方にいて目立たず、巧みに操る。
・誇大妄想がある。
・権力に対して顕著な執着心があり、それを手放せなくなるときもある。
・人の力を引き出すエンパワーメントに対し、警戒心がある。
・混乱を防いでいるのは自分だけだと、あなたに思い込ませようとする。

▽異なるが、本質は同じ

おそらくアドバイス・モンスターの3つの人格すべてに思いあたる節があるのではないだろうか。なかでもあなたの心に染みついている人格が1つあるかもしれない。ある状況下でこれらの道化師を1つか2つ追い払おうとしたことも過去にあるかもしれない。特定の場面に限って、ある人格が現れるときもある（私の場合、普段は「コントロールしたがり」を制御できているが、兄弟の1人と一緒にいると、閉じ込めているはずのおりの鍵が開いてしまう……）。

アドバイス・モンスターのどの人格に身に覚えがあるにせよ、3つはすべて同じDNAを共有している。それは、アドバイス・モンスターが現れるときに頭の中に浮かぶ、次の核心的な考えだ。

〝自分は他人より優れている〟

今これを読んで、あなたはどう反応しただろうか。これは挑発的な指摘で、私もそのつもりで書いている。

ひょっとすると、あなたはこの一文の真実をすぐに感じ取り、そうではないようにと願っているかもしれない（私もそうだ）。もしあなたが比喩的にも両腕を組んで眉をつり上げているなら、これを聞いてほしい。私は決して……

……あなたが実際に他人より優れている、とは言っていない。

……あなたが自分を疑ったり不安になったりすることはない、とは言っていない。

……あなたが人に寛大だったり関心を持ったりすることはない、とは言っていない。

……あなたは人に敬意を払ったり人を励ましたりはしない、とは言っていない。

実際、私がこう言いたいのだろうとあなたがおそらく想像しているほぼすべてについて、私は決して言っていない。

しかし私は、次のことを確かに言っている。アドバイス・モンスターが機会をとらえて顔を出し、あなたが人に対して何をすべきか教える、または人が墓穴を掘らないよう手助けする、またはその場を仕切るというとき、**その振る舞いの根本には、私はこの人たちより優れているという考えがある。**私はもっと素早く動ける、あるいはもっと頭がいい、あるいは経験がある、あるいは年上だ、あるいは自信がある、あるいは熱心だ、あるいはクリエーティブだ、あるいは戦略的だ、あるいは正しい、あるいは……。

同時にあなたは、こうも思っている。この人たちには足りない点がある。賢さが足りない、効率性が足りない、聡明さが足りない、能力が足りない、技能が足りない、勇気が足りない、オリジナリティが足りない、道徳性が足りない、寛容さが足りない、信頼性が足りない、○○○（何であれ自分がこだわっている点）が足りない、だからこの仕事ができないのだ、と。

あなたは、この人たちは不十分だ、と言っているのだ。

この人たちは不十分だ。
この人たちは不十分だ。

胸に手をあてて、このことを認めるのがどんなに不快か感じてほしい。なんて耐えられない、希望のない、気持ちがなえる考えだろうか。そして、相手をどれだけ失望させる考えだろうか。

本質的に、双方にとってどれだけ非人間的な発想かわかるだろう。

しかし、もしあなたがコーチらしくなれたら、このサイクルを断ち切ることができる。相手の能力を削ぐどころか、より多くを引き出せる。だからアドバイス・モンスターを手なずける術が必要なのだ。これは「難しい変化」なので、自分に「やめろ、やめろ、やめろ」と言い聞かせるだけでは、残念ながら効果はない。別のアプローチをとらなければならない。

それは、**「手なずける」**ということだ。追い払うのでも破壊するのでも、無慈悲に消滅させるのでもない。人間である限り、アドバイス・モンスターは必ずついてくる。そしてモンスターなりに役割を果たそうとするので、これを駆除することはできない。しかし、手なずけて、自分にもチームのメンバーにも役に立たない行動をとらなくなるようにすることはできる。

直球で即効性があり簡単な対処法があるのなら、それは「簡単な変化」で、この本を読む必要はない。これから取り組む挑戦は、内省と練習を必要とする。その作業を4つのステップに分けた。各ステップの概要をまず紹介してから、それぞれについて具体的に説明する。

あなたはこう言っている。
この人たちは賢さが足りない、
聡明さが足りない、

アドバイス・
モンスターは

再起する力が足りない、
能力が足りない、競争力が足りない、

あなたが
この人たちより

勇気が足りない、オリジナリティが足りない、
道徳性が足りない、

優れていると

寛容さが足りない、信頼性が足りない。

言っている。

あなたは、この人たちは十分ではない、
と言っているのだ。

▽アドバイス・モンスターを手なずけるための4ステップ

ステップ1　きっかけは何か

アドバイス・モンスターを手なずけるには、何をきっかけにモンスターが始動し、暴れるのかを把握しないと始まらない。あなたも私も同じだと思うが、自分の中の「教えたがり」または「助けたがり」「コントロールしたがり」を決まって誘い出す相手がいる一方で、まったく気に障らない相手もいる。人に限った話ではなく、その場の状況によるときもある。自分の習性を変えるには、引き金を知る必要がある。

ステップ2　問題を認める

引き金になる人と状況、もしくはどちらか一方でもわかったら、自分のアドバイス・モンスターの行動を明らかにできる。アドバイス・モンスターはあなたに何をさせるのか。アドバイス・モンスターの3つの人格は、露骨なときもあれば、さりげなく働くときもある。

このステップでは、自分の問題行動を自ら認めなければいけないので、少々居心地が悪くなる。非常に効果があり役に立つ……のだが、やはり気まずい作業であるのを覚悟しておこう。

ステップ3　ほうびと罰

ステップ2で明らかにした問題行動がもたらす利益（ほうび）とコスト（罰）をはっきりさせる。「難しい変化」をやり遂げるには欠かせないステップだ。問題とみなすものの利点を挙げるのは変に感じるだろうが、考えれば確かに、どこかもろくて短期的で自己中心的で、「今だけの成功」をもたらす利点は存在する。これらは「現在の自分」にとってこれまで何かしら役に立ったが、「将来の自分」にとっては障害になっている。だから、「罰」つまり「将来の自分」が支払う対価をはっきりさせ、一時的なほうびをはねのけるべきなのだ。

ステップ4　「将来の自分」FTW（最高）！

私は古い人間なので、FTWがFor The Win！（最高！）の略だと知ったのはつい最近だ（LOLの意味もすぐ調べるつもりだ、そうしたら若者が携帯電話で何を話しているのかわかるだろう）。行動を変えてアドバイス・モンスターを手なずけ、より良い自分になることの価値が、ここではっきりする。思い描く「将来の自分」に向けて、本当の意味でコミットするのだ。

「将来の自分」が得る利益を思い描けなければ、行動を変えるのは非常に難しい。次に跳び移るものが見えていなければ、今ぶら下がっている空中ブランコから手を放すことはできない。利益は、頭で理解できるだけでなく、感情的にも訴えるものでなければいけない。頭と心の双方が刺激される必要がある。

▽ステップ1　きっかけは何か

アドバイス・モンスターを手なずけるのにまず知るべきは、どんなときにモンスターが顔を出すかだ。それは往々にして、ある種の人間とある種の状況が組み合わさったときだ。

次のページに面白い組み合わせ表がある。自分のアドバイス・モンスターを呼び出す人と状況を見つけてほしい。どの組み合わせが自分の場合に近いだろうか。

表を見ると、アドバイス・モンスターがおりから出ようと暴れ出すきっかけはたくさんあるとわかる。他人とやり取りをしはじめた途端に引き金は引かれるのだ。それでは、「誰」と「いつ」のどんな組み合わせが、あなたのアドバイス・モンスターを刺激するのか。人や状況を具体的に挙げたほうが効果がある。

具体的な人や状況をここに書きながら考えるといい。

[アドバイス・モンスターが暴れ出すきっかけ]

この種の人といると…	この種の状況で…
年上の人	何が起こっているか わかっているとき
年下、または同年輩の人	何が起こっているか わからないとき
自分より賢く、 速く、優れている人	相手が悲劇の主人公に なっているとき
自分ほど賢くなく、 素早くなく、優れていない人	時間がないとき
よく知っている人	混乱している、曖昧、 不確かで、データ不足なとき
よく知らない人	政治的な場面で
自分にアドバイスを 求める人	賛同しないとき
自分にアドバイスを 求めない人	大きなリスクがあるとき
自分を試す人	「いつものあれ」が 繰り返されるとき
自分を試さない人	相手が要領を得ないとき
自分に関係のある人	相手が同じ間違いを 繰り返すとき
赤の他人	自分でやったほうが楽なとき

▽ステップ2　問題を認める

どんなときにアドバイス・モンスターが放たれるかわかったところで、次は自分の問題行動を認める番だ。「教えたがり」「助けたがり」「コントロールしたがり」はどんな顔をして出てくるのか。その行動はアドバイスにとどまらず、もっと広範囲で、ありふれていて、狡猾だ。

PLUS α

このステップを成し遂げるにあたり、より専門的なアドバイスをしよう。深呼吸をして、できるだけ覚悟を持って自分にプレッシャーをかけ、問題行動を認めるよう努めるのだ。ステップ1で具体化した人や状況を思い浮かべて、正直に取り組むこと。

ここにアドバイス・モンスターの典型的な問題行動を列挙した。これがすべてではないし、複数の人格にかかわる行動もある。リストにない行動を自分がしていることもあるだろう。その場合は、ぜひ追加してほしい。

「教えたがり」が主にとる行動

- 話の最中に良い考えや解決策、提案を思いつくと、そこから人の話を聞かなくなる。

・考えを思いつくと、それをすぐ口にすることが多い。
・自分の考えこそが相手にとって最善の解決策だと信じて口にする。

「助けたがり」が主にとる行動

・自分がかかわらなくてよい問題についても責任をとろうとする。
・相手の考えや解決策を尋ねることはしない。
・気まずい沈黙を埋めようとする。

「コントロールしたがり」が主にとる行動

・会議や会話の主導権を最初から握り、最後も自らまとめたがる。
・会話がどこに向かっているのか見えないと、不安になる。
・進行が少し乱れたと感じればすぐにでも整えようとする。

リストの続きをこの空欄に書いてほしい。アドバイス・モンスターが現れると、自分は人に対してどんな行動をとるのか、書き出してみよう。

▽ステップ3　ほうびと罰

自分のアドバイス・モンスターが特定の状況下でどんな顔をして現れるのかを把握したら、次はその行動によって何がもたらされるのか、プラス面とマイナス面それぞれについて、一歩離れて考えてみよう。

アドバイス・モンスターを手なずけるのは「難しい変化」だ。よってこのステップでは、真正面からではなく少しずらした方向から、少し深く問題に取り組む。ステップ2「問題を認める」を通じて、自分がどのようにおかしくなるのかがわかった。そこで「あんな行動はもう絶対にとらない！」と思うのではなく、このように自分に問いかける。

「アドバイス・モンスターが現れると、どんなほうびと罰があるのだろう。『今だけの成功』は何だろうか」

　すると、ほうびが短期的な利益であることに気づくだろう。自分のためになった側面もあるが、それは持続しない。ほうびと対になっている罰は、ほうびの影の部分と、ほうびが単に「今だけの成功」に過ぎないことをはっきりと示してくれる。
　次のうち、思いあたる点はあるだろうか。

「教えたがり」が主に得るほうびと罰

- ほうび……自分はアイデアを出すことで「付加価値を生んでいる」と常に見られる
- 罰……答えを出すことでしか自分は価値を付加できないと信じ、重い義務を背負っている。ほかの人のアイデアを排除する
- ほうび……職場で最も賢い人間だと見られる
- 罰……自分より賢い人間がいてはならないと考え、チームの可能性を限定する
- ほうび……物事が迅速に進む
- 罰……時間をかけて真の課題を見つけ出そうとしない。このため、間違った問題に取り組んで時間を無駄にする

「助けたがり」が主に得るほうびと罰

・ほうび……何が正しいか自分が一番よく知っていると思う
・罰……誰にも問題を解決させない、問題解決の責任は常に自分が負うと考えている
・ほうび……自分は職場で最も責任感があると思う
・罰……誰も自分ほど仕事にコミットしていないと思う。自分のコミットメントは、常に忙殺されていることで証明されていると考えている。ほかの人間に適切な責任をとらせない
・ほうび……自分は無限に仕事を引き受けられると思う
・罰……いつも忙殺されている。成功するには何事も引き受けるべきだと考える。最も重要な仕事に戦略的にフォーカスしておらず、チームも同様にフォーカスしていない

「コントロールしたがり」が主に得るほうびと罰

・ほうび……自分が最も信頼できる人間だと思うので、手綱を誰にも渡さない
・罰……この場を指揮できる人はほかにいないと思う。自分はすべてを指揮する責任を負っている。どう指揮すべきかを誰も学ばないようにしている
・ほうび……自分はチームを未知のものから守っている
・罰……未知のものは危険だと信じている。新しいこと、違うことをチームが探究しないようにしている

・ほうび……チームが混乱しないよう自分が守っている
・罰………常に警戒して混乱からチームを守る重荷を背負っている。チームのメンバーが自分で自分の世話をすることをさせない

リストの続きをここに書いてみよう。自分の場合に当てはまる「ほうびと罰」は何か、書き出してほしい。

自分が深く探っている感覚はあるだろうか。これまで口にしてこなかった、または半分口にしてきた深い真実が見えてきたはずだ。今しがみついている行動や考えのために支払っている、より大きな代償も見えてきた。この自己認識そのものが、「難しい変化」で人が遂げる変容の過程だ。洞察を得てこそ、持続可能な変化は可能になる。

「アドバイスを
求める人がいる。
ああ、なんて
とても
人間らしくて、
とても危険な
ことだろう！

——ハンター・S・トンプソン」

▽ステップ4　「将来の自分」FTW（最高）!

さて、話はついに佳境に入る。なぜ自分は変わるのか、という問題だ。現在の問題行動の「ほうびと罰」がわかっても、「将来の自分が発揮するリーダーシップ」の力を理解しても、変わるのはやはり難しい。変容を実行するには、自分が何をやめようとしているかだけではなく、何を得ようとしているかを知る必要がある。

目指すべき「将来の自分」は、より良く考え、より良く導き、より良い精神状態にある、より良いリーダーだ。新しいリーダーシップを確立したときの利点を列挙する。

「教えたがり」の「将来の自分」が主に持つ利点

- アドバイスを授けるのでなく、人をエンパワーすることで「価値を付加」する
- 問題に対する解法を常に持っていなくていい。誰かの力に頼るときもあっていい
- アドバイスや知識は、よく考えて慎重に伝える。反射的にものを言わない

「助けたがり」の「将来の自分」が主に持つ利点

- ほかの人たちの人生の面倒まで自分が見なくてもいい。皆大人なのであり、自分が選んだ道

の責任は自分で持てる

・人のために進むべき道を用意してあげるのではなく、人が自分で道を選ぶのを手伝うことで、人を支えればいい

「コントロールしたがり」の「将来の自分」が主に持つ利点

・人を管理しないことで、人に権限を与えて自立させ、組織によりかかわってもらう

・自分がずっとハンドルを握るのではなく、人に運転の仕方を教える。自分は後ろの席で見守っていればいい

・未知のものを受け入れられる。それがときとして、競争力や革新のきっかけになる

「将来の自分」が持つ利点で、最も大事だと思うことを書き出してみよう。

▽「将来の自分」が発揮するリーダーシップ

さて、ここから最終的に行き着く先とは？　自分のアドバイス・モンスターを手なずけたとする。「将来の自分」に見事になれたとする。その結果、どうなるのか。「リーダーとしてのあり方を永遠に変えた」とき、どのような自分になっているのか。

「将来の自分」は、他者に共感できる、マインドフルで、謙虚なリーダーだ。優しくなるとか人の良い人間になるというわけではない（実際はそうなる場合が多いとは思うが）。賢くて人間的で、効率的なリーダーになるのだ。

「共感」「マインドフルネス」「謙虚さ」は含みのある言葉なので、1つずつ解説しよう。

共感するとは、優しい、人を批判しない、感傷的であるという意味ではない。**ほかの人に意識を向け、他人の身になって考えようとする**ことだ。哲学者のマルティン・ブーバーは、人間関係には「我とそれ」「我と汝《なんじ》」という2つのタイプがあると言う。前者の関係においては、他者の基本的な人間性が見落とされる。後者の関係は共感に満ちていて、それにより人間同士のつながりを維持できる。共感を持つと、他者にとっての真実を深く感じ、理解できるようになるのだ。

マインドフルネスは、10日間瞑想にふけるとか、瞑想用クッションに座らなければならないとかいう意味ではない（どちらもおそらく良い活動だろうが）。**周囲に惑わされない**ということだ。刺激と反応の間に一拍入れて、最適な行動を積極的に考える時間をつくる。すると、アドバイスの虜になる時間が減る。アドバイスの虜になるときは自分の中の引き金が引かれるが、引かれそうになるのに気づいて一呼吸置くと、どう反応すべきか選ぶ余地ができるからだ。マインドフルネスによって、自分が置かれた状況の真実を深く感じ、理解できるようになるのだ。

謙虚さは、アドバイス・モンスターのＤＮＡ「私はこの人たちより優れている」のまさに反対をゆく。決して「私は何もわからない」ふりをするのではない。人の言いなりになったり、自分の価値を自分でおとしめたりするのでもない。**地に足をしっかりとつけることで、自分の強みも弱みも、自分やチームが持っている見識も理解する**のだ。ちなみに「humble（謙虚さ）」の語源は、ラテン語の「地面」である。

謙虚な人は、権力を振り回さなくても自分が思う以上の影響力を周りに与える。重要な存在であると同時に、そこまで重要ではない存在でもある。自分の意見がすべてだとも最善だとも思わない。謙虚さは、自身にとっての真実をより深く感じ、理解するための入り口となる。

共感：
他者にとっての真実をより深く感じる
マインドフルネス：
状況に関する真実をより深く感じる
謙虚さ：
自身についての真実をより深く感じる

3つの資質は、互いが土台になって築かれる。
共感からマインドフルネスが育ち、そこから謙虚さが育ち、
そこから共感が育って……と続いていく。

▽この項で最も役に立った、または大事だと思った話は？

覚えておきたい点を1つか2つ書き出してみよう。

▽練習あるのみ

これで、自分の傾向と「ほうびと罰」を把握した。「現在の自分」の「今だけの成功」を進んで拒絶し、コーチらしい行動を始めることの意義も理解できたはずだ。

練習する、
フィードバックを得る、
順応する、
繰り返す。
練習する、
フィードバックを得る、
順応する、
繰り返す。
練習する、
フィードバックを得る、
順応する、、、

しかし、知識を頭に入れるのは、最も簡単な段階でもある。乗り越えるべき本当の壁は、実践し続けることだ。

エベレスト登頂に人類で初めて成功したエドモンド・ヒラリーとシェルパのテンジン・ノルゲイは、ベース・キャンプに到着した翌日から山頂を目指して登り始めたのではない。進んでは戻り、登っては下りる、というプロセスを7週間も続けた。少し進んでは高度順化して新しい基準を身につけ、少し戻っては力を蓄え、それから次のキャンプ地へ向けて前進する。こうやって計40超の段階を踏みながら、登頂を果たした。

行動パターンを変えるのは、これに似ている。小さな試みと、安全を確認しながらの前進と後退をたくさん繰り返すことこそが、「自分の習性を変える」山の頂への道だ。

やるべきことははっきりしている。練習する、フィードバックを得る、順応する、繰り返す。そうやって自分のアドバイス・モンスターを手なずけ、自分の「コーチングの習慣」を確立する。以上だ。

PART2では、コーチらしく関心を持ち続け、アドバイスをしようと先走らないためのツールを紹介する。前著で使ったツール――すでに実践されて効果も証明されている――を要約して伝えつつ、新しい方法もいくつか提供したい。これらのツールを自分で磨いて上達し続けるための5つの簡単な「実践編」も用意してある。

PART 2

相手に関心を持ち続ける

あなたの仕事は、好奇心を絶やさないことだ。

The Advice Trap 01

コーチングはシンプル

▽少ないは多い

私の前著『リーダーが覚えるコーチングメソッド』が多くの人に読まれた理由の1つは、複雑な話をシンプルにしたからだ。謎めいた「ブラックボックス」、あるいは特別な技術を持つ人による秘法か何かのように思われていたコーチングを、明快で便利なツールを用いた日常行為として紹介した。ツールには、1つの定義、3つの原則、7つの質問、3通りの質問の組み合わせ、8つの上手な問いかけ方がある。読んだ方にはおなじみだろう。

これからあなたは、「将来の自分」に向けた「難しい変化」という大きなゲームに取り組む。目標である「コーチングの習慣」を身につけるには、これらのツールが役に立つ。ということで、前著を思いきり短くまとめて紹介する。

▽コーチングとは

すでに述べたように、コーチらしくなるとは、次のように行動することだ。

コーチングのツール

1つの定義
3つの原則
7つの質問
3通りの組み合わせ
8つの上手な問いかけ方

・相手に関心をより長く持ち続ける。
・急いでアドバイスしようとするのでなく、ゆっくり時間をかける。

これら2つの行動は、練習をとおして習慣にすることができる。そしてコーチングは、結果ではなく経過を重視する。もちろん素晴らしい結果になる場合もあるが、焦点はあくまでコントロールすべきもの、つまり自分の行動にある。

なお、この定義において私は、「アドバイスをしてはいけない」「質問だけをしなさい」とは言っていない。それは非常に非現実的な話だ。そうではなく、アドバイスをするには適切な場面がある、なのにアドバイスをする筋肉はたいていい発達し過ぎているという点を指摘している。もっと鍛えなければいけない筋肉は、関心だ。

▽3つのコーチングの原則

先の定義から生まれたのが、コーチングの基本的行動を示す3つの原則だ。

①怠ける

② 関心を持つ
③ 頻繁である

「①怠ける」は、言うまでもなく最も挑発的な原則だ。あなたも、あなたの周りの人たちもきっと働き者のはずだ。ぼんやり座っているだけで出世する人はいない。実際、コーチらしく振る舞うのは大変な仕事なので、「怠ける」といっても、よくある目くらましの表現に過ぎない。私が言いたいのは、人の話に割り込み問題を解決してあげようとするのを、ぜひ怠けてほしいということだ。とにかく、解決しようとするのはやめよう。

PLUS α

あわてず、0・5秒の間をとるだけでも大きな違いがあることが科学的に証明されている。たった0・5秒だ！　この研究についてもっと知りたい人は、巻末の「ボックス・オブ・クレヨンズ・ラボ」を参照してほしい。（→245ページ）

「②関心を持つ」はきわめて重要な原則で、これを避けてとおることはできない。相手への関心を持たずしてコーチらしくはなれない。怠けると同時に、関心を持ち続けて会話を進めるよう最大限の努力をしてほしい。それが自分のアドバイス・モンスターを手なずけるということだ。

「③頻繁である」は、地味だが最も急進的な原則だ。コーチングは特別なときに特別な人によって行われるかしこまったイベントであるという考えを吹き飛ばそう。どんなやり取りにおいても、あと少しコーチらしく振る舞えるはずだ。結局のところ、いつどんなときも相手に関心をもう少し長く持ち続けるという問題なのだ。会議でも、電話でも、テキストメッセージでも、Ｓｌａｃｋでも、ほぼすべてのコミュニケーションの場において、コーチらしく行動できる。

▽7つの基本的な質問

3つの原則を実践するのに必要なのは、たった7つの質問だ。もちろん世の中には素晴らしい質問が数限りなくあり、コーチングに適したものもたくさんある。

それでも私はなぜ7つしか質問を選ばなかったのか。実は、当初は違った。前著の草稿では、100以上の優れた質問を選んでいた。そのままとおっていたら、どんなにうんざりする本になっていたか。それこそ「選択の暴虐」そのものになるところだった。選択肢が多過ぎるとかえって選びづらく、行動しづらくなるのだ。

退屈を
解消するのは
好奇心だ。
好奇心を
解消する薬は
ない。

――ドロシー・パーカー

そこで私は苦労してリストを削り、100以上ある項目を21に、さらに12に、そして5まで絞り込んでから、7項目に戻した。7つはちょうど良い数字に思えた。ほとんどの場面で使える質問の基本的なセットだ。少しで多くのことができるのだ。

決まった筋書きはない。決まった順番で聞く必要もない。1つだけでも、どんな順番で使っても、効果はある。

①はずみをつける質問——「何か気になっていることはありますか？」

これで多くの会話が完璧なスタートを切れる。オープンクエスチョン（「はい／いいえ」で答えるクローズドクエスチョンに対し、自由に答えられる質問）であり、かつ焦点を定められる。

②ほかを聞く質問——「あと、ほかには？」

世の中で最も優れたコーチングの質問。相手が最初に話すことが唯一の話では決してないし、話す必要のあることでもほぼないからだ。

③フォーカスする質問——「○○さんにとって、ここで取り組むべき本当の課題は何だと思いますか？」

人は初めに挙げた問題が本当の課題だと思う傾向があるが、間違った問題に多くの時間や労力を無駄に使う結果になる。

④本質的な質問——「何をしたいですか？」「どんなことを望んでいますか？」

相手がしっかりとした動機を持ち、よく理解した上で行動を起こすには、この質問が最適だ。

⑤戦略的な質問――「これをやるとして、逆に何をやめますか?」

戦略的に行動するとは、勇気のある選択をすることだ。この質問によって、相手のコミットメントと機会費用を明確にできる。

⑥怠ける質問――「私にできることはありますか?」

他人を「助ける」行為に走らないための最強の質問だ。ほかに「何かしてほしいことはありますか」も可。

⑦学びの質問――「今回の話でどんなことが最も役に立った、または大事だと思いましたか?」

何かを言ってあげるだけが、相手の学びにつながるわけではない。自分で理解しようとしたときにも、人は学ぶのだ。

これら7つの質問はいずれも短く、シンプルで、ややこしくない。口にしても5秒とかからないだろう。だからといって、相手の答えがシンプルになるとは限らない。むしろ、その反対だろう。

また、これらの質問は、実際に投げかけるまでどんな答えが返ってくるかわからない。一方で、自分の仮説を確かめたり望ましい回答を相手に言わせたりするための質問をして済ませる人は多い。ここに挙げた質問は、未知のドアをノックするのと同じだ。

▽3通りの基本的な組み合わせ

7つの質問はそれ1つだけでも十分有効だ。ただ、ときには組み合わせると効果が増す場合もある。普段の生活でもそうだろう。パンとバター。1970年代のホール&オーツ〔訳注・ダリル・ホールとジョン・オーツによる米国のポップデュオ〕。パンとチーズ。ジンとトニック。パンとバターとチーズ……（そう、私はパンが好きなんだ）。

ここに挙げるのは、3通りの優れた質問の組み合わせだ。

① フォーカスのための組み合わせ

「ここで取り組むべき本当の課題は何だと思いますか？」

「あと、ほかには？」

「あと、ほかには？」

「ここで取り組むべき本当の課題は何だと思いますか？」


この4つの質問を重ねることで、真の課題に向けてより深く探れる。私の経験では、最後の質問をゆっくりと重みを持って言うと、効果が上がる。

質問を1つする
素晴らしい。
質問を組み合わせる
もっと素晴らしい。

②本立ての組み合わせ

「何か気になっていることはありますか？」

……途中の会話……

「今回の話でどんなことが最も役に立った、または大事だと思いましたか？」


リーダーとして日常的にコーチらしく振る舞うには、時間をかけずに時間をかけずに効果を上げるようことが大事だ。本立てが両側から本を支えるように、きっちりと始めて、きっちりと終わらせよう。まずはずみをつける質問で始めて、真の会話にすぐに入れるようにする。そして学びの質問でまとめ、相手（とあなた）が会話の中で得た新しい価値観や洞察を見落とさずに抽出するようにする。

③「ほかには」の組み合わせ

「何をしたいですか？」（など、オープンクエスチ

ヨンを投げかける）

「あと、ほかには？」

あまり頭を使わなくていい。初めの質問の回答をもらった時点で、まずやるべきことはやっている。おそらく最初の答えはカプチーノの泡の部分に過ぎず、大事な話はそのあとに控えている。どんな質問のあとにも、「あと、ほかには？」とつけ加えて聞くことで、より深く探れる。

このように質問を組み合わせるのは、黒帯級だ。1つの質問を聞くレベルから、組み合わせを駆使するレベルになるのは、1年もののチェダーチーズから長期熟成のパルメザンチーズへ、3段変速の自転車からサーヴェロのロードバイクへ、エコノミークラスからビジネスクラスへ変わるようなものだ。おわかりだろう。1つの質問でも素晴らしいが、組み合わせるとより素晴らしいのだ。

組み合わせは、「怠ける」原則を実践するのにもってこいだ。組み合わせを使うのは、筋書きがあるのに等しい。次に言いたいことを考えなくていいので、今この瞬間に集中して、相手の話にしっかりと耳を傾けられる。

▽8つの上手な問いかけ方

問うべき質問を知っているのと、それを上手に投げかけるのは別の問題だ。コーチらしい行動のすべてに通じる点だが、上手な質問の仕方は、シンプルでもあり（やることは少ない）、難しくもある（長年の習慣を変えなくてはいけない）。

①1度に1つの質問をする

「走行中の車から弾丸を浴びせるような質問」をされた経験はないだろうか。次から次へと質問されて、答える隙がまるでない。このような質問の仕方ではなく、何を聞くべきか1つ決めたら、それをまず聞く。うまくいったら、次の質問をする。うまくいかなくても（質問が相手に常に「届く」とは限らない）、やはり次の質問をする。

②前置きを省いて質問をする

棒高跳びの選手なら、ポールを立ててバーを飛び越えるために長い助走をしてスピードをつける必要があるだろう。しかし、私たちは棒高跳びの選手ではない。相手に関心を持つために、話の流れを作ったり根拠を示したり無駄話をしたりして助走する必要はない。質問者のためというより、皆の時間を節約するために、ただ質問をすればいい。

③凝った質問をすべきか？　片足のアヒルは円を描いて泳ぐか？

どちらの質問も、私には答えがよくわからない。いずれにしても、回答がすでに決まっているような「見せかけの質問」はすべきではない。「……のようなことは考えましたか？」「……のようなことは検討しましたか？」などと回りくどく尋ねない。これらは質問ではない。はてなマークを最後につけただけのアドバイスだ。

④「何」を聞く質問にこだわる

お気づきかもしれないが、７つの質問はほぼすべて「何」について聞いている。これは決して偶然ではない。「なぜ」を聞くのは、相手が守りに入りかねないため避けたい。「どのように」と聞くのも、具体的な行動や結論へと会話を急がせてしまう。「何」を聞くのは相手への関心に根ざしており、日常的に使い新しい視点を得るのには最適の質問だ。

⑤沈黙に対して平静を保つ

心臓が1拍か2拍かする間の気まずさに耐えられずに、相手の考える時間や答える時間を奪わないようにする。質問をしたら、黙る。沈黙はほぼ必ず相手が埋めてくれる。

⑥答えに耳を傾ける

「偽って聞く」術を身につけている人は多いだろう。熱心にうなずき、合いの手を入れながら、実は頭の中ではほかのことを考えている。その場に集中して、相手の話に全身全霊を傾ける。聞くとは、類まれな、かつ思いやりのある才能なのだ。

⑦言葉を受け止める

相手が口にする言葉をいちいち繰り返して、「アクティブ・リスニング」の達人だと証明する必要はない。あなたがこの場に意識を向けて会話に集中していると相手がわかればいいのであり、それは簡潔で優しい言葉で示せる。「わかります」「そうなんですね」「それは大変そうです」「さぞ楽しかったでしょう（さぞ大変だったでしょう、さぞ難しかったでしょう）」などの言葉だ。大事なのは、相手が話を聞いてもらっていると感じることであり、あなたが話を聞けると証明することではない。

⑧あらゆる手法を使って質問をする

相手と面と向かって話すときにしか質問できないと考えてはいけない。どんなコミュニケーション方法――メール、電話、テキストメッセージ、Ｓｌａｃｋ、伝書バト――を使っても、良い質問はできる。どんな相手とどんな方法でどんなやり取りをしてもコーチらしい行動はとれるし、どのコミュニケーション手法を使っても相手への関心は長く持ち続けられるはずだ。

上手に問いかけるためのこれら8つの方法は、3つの原則（怠ける、興味を持つ、頻繁である）の実践だ。8つのうちいくつか、もしくはすべてでも気に入ったものがあったら、いつかできたらいいなと思っているだけでは効果はない。自分にとって最も効果がありそうな方法をまず1つ選んで、普段のルーチンの中に積極的に取り入れてほしい。

▽とにかくシンプルに

どう問いかけるにせよ、ここで紹介した質問はすべて1つの目的のためにある。少しでも長く相手に関心を持ち続けることだ。ほぼすべての質問において、より多くではなく、より少なくを心がける。要は規律を守り、美しくシンプルに物事を行う。コーチングとは引き算なのだ。

[コーチングとは要するに……]

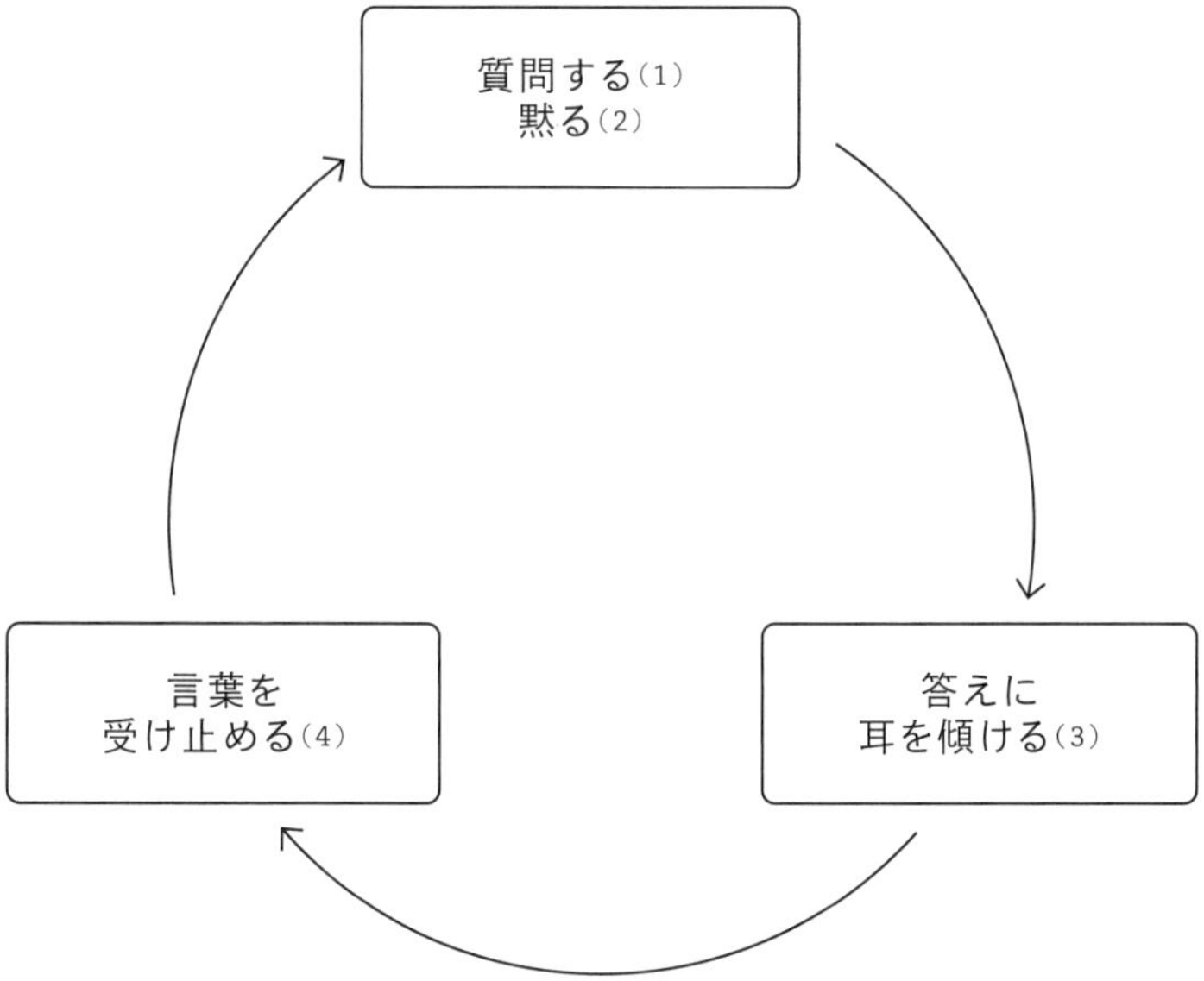

(1)見せかけの質問はしない
(2)しゃべらない。絶対に
(3)偽って聞かない
(4)その際にアドバイスはしない

▽この項で最も役に立った、または大事だと思った話は？

この項で覚えておきたいことはあるだろうか。１つか２つ書き出してみよう。

実践編 1

成功に向けて
自分に
スイッチを入れる

▽ゾーンに入る

オリンピックの映像で、競技を控えた選手たちがヘッドフォンを頭につけている姿をよく目にするだろう。気軽に聞き流せるクラシック音楽を聴きたいからではない（そうかもしれないが）。周囲の歓声を遠ざけたいからでもない（そうかもしれないが）。選手は、音楽を利用してゾーンに入ろうとしているのだ。

それぞれが身体のピーク時に繰り返し聴いていた曲のプレイリストを作っている。その音楽を聴くと、腹を空かせたパブロフの犬のように身体がピーク時と同じ状態に入るのだ。

リチャード・セイラーは2017年に「行動経済学への貢献」が認められ、ノーベル経済学賞を受賞した。共著『NUDGE 実践 行動経済学 完全版』（日経BP、2022）は、「選択アーキテクチャー〔訳注・人々が望ましい行動を選択するよう導く環境設計〕」の上手な活用を説いた本だ。そのなかでセイラーはプライミング〔訳注・呼び水〕について話し、人々を望ましい行動へ導く際に、微妙な合図とそうでない合図がそれぞれ異なる行動をいかに導き出すかを説明している。

私たちは、想像する以上にプライミングの影響を受けやすい。驚きの例として、ヴィヴァルディの曲を聴きながら1杯のワインを飲むときと、勇ましいワグナーの曲を聴きながら飲むときでは、感じる味が違うのだ。

（幸い、どちらの曲を聴きながらでもワインは素晴らしい味がする。この研究の詳細は、巻末の「ボックス・オブ・クレヨンズ・ラボ」を参照してほしい↓245ページ）

この知見を使えば、あなたもコーチらしくなるのに最適な状態に入れるようになる。2つの方法を以下に紹介する。

①キーワードを唱える

最近、義理の両親とキャンドルピン・ボウリングをして遊んだ。普通のボウリングに似ているが、より難しい。ピンが小さく、ボールも小さくて手に持ったときに滑りやすい。何度やってもボールがガターに落ちてしまい、いらいらした。

それが変わったのは、順番が来るたびに自分にスイッチを入れるようにしてからだ。「そおっと、そおっと、そおっと」と自分に唱えるようにささやく。すると、体がなめらかに動いて精度が上がり、スコアが上がった。

コーチらしい行動が必要な会話を始めるとき、またはそのような会話になったとき、もしくはアドバイス・モンスターがうろついているのに気づいたときは、目の前の人に関心を持つよう、自分に合図を送ることだ。もちろん、自分が一番反応する言葉を選んでよい。アドバイスを封じる言葉（「ちょっと待て、ちょっと待て、ちょっと待て」）でもいいし、大好きな質問（「あと、ほかには？　あと、ほかには？　あと、ほかには？」）でもいい。あるいは、「ぜひ聞きたいことがあるのですが……」と言って会話を始める。すると、どうだろう、本当に聞きたい気持ちになるのだ。

② 環境を整える

前著でも紹介したウィンストン・チャーチルの言葉がある。

「我々は建物を築き、そのあとに建物が我々を築く」

キーワードを使うのは、行動を変えるための環境を築く1つの例だが、より広い視点で考えてもいい。関心のスイッチが入るような環境を、あなたならどのように整えるだろうか。

前著の読者から寄せられた実践例では、たとえば、質問を書き出したメモをパソコンの画面に貼りつけたり会議に持って行ったりしている。私はスマホケースを「あと、ほかには？」の文字を入れたデザインにしている。

自分がコーチらしい会話をどんな場所で最もよくするか考えて、その場所に相手への関心を持続できるような工夫をするといい。

解決策を
探し回るのを
やめて、
まず課題を
見つけ出す。
それが
あなたの
仕事だ。

The Advice Trap 02

真の課題を見つけ出す

▽真の課題を見つける

ゲームに加わらないことで、そのゲームに勝つことがある。アドバイス・モンスターがあなたを引きずり込みたいゲームは、職場で最善の答えを出すことだ。「これでお前は付加価値を生み出せる。人々を救い、この場に君臨し、失敗の恐怖を払いのけ、自分の力を証明できる。常に答えを持つのだ」とあなたにささやいてくる。

重要な課題を見つけ出すのを助けてくれる人か、または間違った問題に対して性急に答えを出す人か。あなたはどちらの人間として認知されたいか？ そう、その答えのとおり、これからは真の課題を見つけるのを助けることが自分の役目だと心得よう。

これが本当に意味するのは、粘り強くなるということだ。相手に関心を寄せながら十分な時間を与え、本人が洞察と自由を得て物事の核心にたどり着けるようにするのだ。

▽6つの「曖昧化」

人が自らつまずき真の問題を発掘しそこねる場合が6つある。重要な点が見えにくくなる会

6つの「曖昧化」

1 せっかち

せっかちに会話の冒頭から課題を拾っても、
それが真の課題であることはめったにない。

2 幽霊コーチング

幽霊コーチングに陥ったら、
焦点を目の前の相手に戻す。

3 妥協

妥協に陥ったら、
勇気を出して会話を少し押し進めてみる。

4 ポップコーン現象

ポップコーン現象が起こったら、
相手に課題を選び出してもらい、
自分はそれを助ける。

5 大局観

大局観に陥ったら、一般論から具体論、
抽象論から個別の話へと、話を移す。

6 長話

長話に陥ったら、異常事態を止める!
中断する!

話のパターンで、これを**「曖昧化」**と呼ぶ。

6つのうち、「せっかち」「幽霊コーチング」は、コーチングする側の人間（あなた）が陥る罠だ。残りの4つは、コーチングする相手の行動パターンで、コーチ側の対応が必要になる。

6つの曖昧化はそれぞれ異なるが、幸いにも共通の、最適な対処法がある。

まず、曖昧化に気づく。これができなければ、対処のしようがない。曖昧化は、真の課題を見つけにくくする行動を主に相手が取って起こるのだが、その行動にあなたとあなたのアドバイス・モンスターも実は加担していることに気づかなければならない。

曖昧化に気づいたら、**次に、それを相手に伝える。**事を大げさにするのではない。自分と相手のために、何が起きているか明確にするだけだ。それによって双方とも、好ましくない会話パターンについてより賢くなれる。

最後に、質問をする。どんな質問でもいいわけではなく、「曖昧化」を消し去るための「フォーカスする質問」をする。

フォーカスする質問は、曖昧化を解決するマスターキーの役割を果たす。曖昧化が「妥協」「ポップコーン現象」「大局観」「長話」または別のパターンであっても、**「〇〇さんにとって、ここで取り組むべき本当の課題は何だと思いますか？」**と聞くのが定石だ。ただし、実際に言う際にどの言葉を強調するかで、微妙だが重要な違いが生まれる。

曖昧化に気づく。
気づいたら伝える。
フォーカスする
質問をする。

▽曖昧化その1　せっかち

様態……「何か気になっていることはありますか?」と聞くと、相手が答える。よし! それをさっそく話題に取り上げ、会話を始める。具体的な話をしてくれるのは嬉しいし、相手の力になるのも気分が良い。ただし問題は、相手が最初に口にする話題はほぼ必ずといっていいほど真の課題ではないため、間違ったスタートを切っていることだ。相手の話にあまりに早く飛びついている。これを「せっかち」に陥っているという。

強力な阻害要因……目の前に課題が差し出された! まさに、ここに。相手が実際にそう言ったのだから間違いない! しかも、問題をどう修復して解決し、見事に片づけるか、自分にはピンとくるものがあるのだ。アドバイス・モンスターの全3人格（教えたがり、助けたがり、コントロールしたがり）が「そのまま前進せよ」とあなたの背中を押している。

留意すべき点……相手が最初に口にする話はさまざまだ。よく考えた末の推測、話の単なる出発点、中途半端な解決策、最初に浮かんだ推測、あなたが問題視していると相手が考えている話、あてずっぽうな推測、一時的な話、などなど。しかし、それが真の課題であることは滅多にない。解決すべき重要な問題は別のところにほぼ必ずあり、もう少し長く相手に興味を持ち続けられれば引き出せるはずなのだ。

退治の仕方……仮に最初の話が真の課題であるとしても、数分の確認テストをして損はない。最悪なのは、自分が相手と一緒になって、真の課題を把握していると信じ込んでいる場合だ。

まだ見えていない問題に気づくために、フォーカスのための合わせ技――「フォーカスする質問」と「ほかを聞く質問」――を使い、もう少し探ってみよう。「あと、ほかには?」と聞くのは、「曖昧化を相手に伝える」役割を果たす。この質問を聞くこと自体が「最初の話が唯一の課題ではないはず。もう少し探ってみましょう」というメッセージになる。

「コーチングの習慣」を自分に植えつけよう

始まりは……「何か気になっていることはありますか?」と聞くと、相手は、課題であるかのように聞こえる話をする。

避けるべきは……話に飛びつき、自分から提案をしたり相手に考えさせたりして、解決する。

やるべきは……フォーカスのための合わせ技を使って、もう少し長く関心を持ち続ける。「あと、ほかに(取り組むべき本当の課題)は?」と聞いたうえで、「それでは、○○さんにとって、ここで取り組むべき本当の課題は何だと思いますか?」と焦点を絞り込む。

▽曖昧化その2　幽霊コーチング

様態……誰もがきっと経験しているはずだ。コーチングする相手が、あの人――あの迷惑で腹の立つ、気を散らせる人――についてしゃべり始める。こちらが「それは迷惑ですね（腹が立ちますね、気が散りますね）！　それから？」と反応すると、相手はもっと話してくれる。そこで、こちらは史上最高の質問をする。「あと、ほかには？」すると、相手はこの人物についてさらに話し出す。そのうち、5分、10分、40分がその人の話題だけで過ぎてゆく。これは、幽霊コーチングだ。別の人やそれに関する状況の話に、問題の本質は存在しないのだ。

コーチらしく会話をするときは、スポットライトを目の前の相手にあてなければいけない。誤った方向へ引きずられないように。そして、相手が自分以外について語り続けないようにする。好き放題に話させてはいけない。

強力な阻害要因……幽霊コーチングに陥ると、幻の物語から相手を引っ張り出すどころか、その物語に自らも参加してしまう。間違った道へ自分を引き込む魔術師がいるようなものだ。気づくと、本当の課題（コーチングする相手）ではなく、重要なようでほぼ余談といえる話にフォーカスしている。コーチングのあらゆる術やスキル――相手に共感する、関心を持ち続ける、熱心に耳を傾ける——を駆使しても、そもそも違う課題に注意を向けている。相手とともに機能不全の状態をつくり出しているのだ。

留意すべき点……自分がコーチすべきなのは、目の前の相手だ。会話の焦点を相手に戻さなくてはいけない。どんな物語があろうとも——劇的な話は常にあるものだ——、その物語で相手がどんな影響を受けているのかを突き止めるべきだ。

退治の仕方……会話の中心を「あの人物」から今話している相手に戻す。

まず、幽霊コーチングに自分を引きずり込んだアドバイス・モンスターを認識する。たいてい、それは「助けたがり」だ。話題の人物またはどうしようもない状況をどう攻略するか、策をひねり出すのだ！　と意気込んでいる。

次に、相手の状況を把握する。相手に焦点を移しても、「あの人物」や、それに関する状況に手を焼いていることに心を寄せないというわけではない。話の細部をいちいち繰り返さなくてもいい。実際、それは相手にうるさがられる。単に「それは大変ですね／油断ならないですね／難しいですね／不満がたまりますね／怒りたくなりますね」などと応じればいい。

そして、幽霊コーチングに陥っている現状を伝え、会話の焦点を相手に戻す旨を伝える。

「けれども私が知りたいのは、この話があなたにとってどう大変なのかという点です」

PLUS α

「幽霊」は、特定の「状況」の場合もある。人物の場合と同じパターンをたどるが、「状況」の場合は、2人以上の人間が話題になる。

お察しのとおり、ここでは「フォーカスする質問」を使う。「○○さんにとって、ここで取り組むべき本当の課題は何だと思いますか？」冒頭の「○○さんにとって」を強調して言うのが、幽霊を追い払うには効果的だ。

「コーチングの習慣」を自分に植えつけよう

始まりは……幽霊コーチングに自分がはまり、目の前の人とは別の人物や困った状況に会話の焦点をあてている。

避けるべきは……その会話を続けて、不必要な情報を聞くのに貴重な時間を割く。

やるべきは……幽霊コーチングをやめるために、何が起きているかを伝える。「確かに難しい状況ですね。○○さんがイライラするのもわかります。けれども今はその人ではなく、○○さんについて話す時間です」。そして、「フォーカスする質問」をする。「××××（人物・状況）に対処するにあたって、○○さんがここで取り組むべき本当の課題は何だと思いますか？」

▽曖昧化その3　妥協

様態……悪くない会話ではある。初心者は、むしろ良いコーチングの会話ができていると思うかもしれない。でも直感的に、相手も自分も的を外していると思う。ほかに目を向けるべき重要な問題があるのではという不安がよぎる。しかもそれは、簡単にさっと鮮やかに片づけられるのではなく、厄介で難しく、とらえどころのない問題だろうと推測される。会話は良い方向に進んでいるが、もしかすると本当の課題にはまだ到達していないかもしれない。もっと考えられるのは、真の課題のようで実はそうでない問題に向き合っているかもしれない。あるいは、少なくともこれは最も重要な話ではない。

しかし、真相を突き止めるのではなく、相手と結託してしまう。力を抜いて、こう考える。「このくらいでよいだろう」

強力な阻害要因……「妥協」は「大局観」に似て、難しいがより有効な会話を避けたいときの安楽な道だ。しかもあなたも相手も、本当の課題に向き合っていないと気づいている。「コントロールしたがり」が、会話を安全に進めようとしている。相手にも自分に対しても、問題に向き合うよう喚起しない。

「

アドバイスを
受けるとは、
多額の外貨を
手渡される
ようなものだ。
これをどうしろ
というのだ。

――リック・サマダー

」

留意すべき点……この状態で問題が解決することはほぼない。あなたは相手と一緒になって妥協し、臆病になっている。勇気ある行動とは、会話を簡単に安全に進めるのではなく、真の課題を突き止める方向へ押し進めることだ。難しい問題に目を向けてフォーカスすると、案外対応が可能で、それほどおそろしくなかったりする。

とはいえ、誰もが完璧ではない。直感がどれだけよくあたるとしても、経験を積んでどれだけ賢明であっても、間違うことはある。よって、押し進めるにしても、優しく押し進めよう。

退治の仕方……会話がどこか緩いことに気づこう。相手と一緒になって実のある会話をするふりをして、重要な真の課題を探っていないと感じ取れるかもしれない。

しかし、相手が真の課題に本当に向き合っていないと、確信はできない。そこは忘れないように。あくまで仮説に過ぎないのだ。経験と直感だけでなく、勇気と慎重さも併せ持ちたい。勇気は、あえて伏せられていた問題に光をあてるために必要だ。慎重さが必要なのは、自分の見立てが正しいと言い張っても実は正しくなければ、2人の関係が壊れかねないからだ。

まず勇気を出そう。体勢を変えて、「難しい問題を回避するときの姿勢」ではなく、「勇気を出すときの姿勢」をとるのも手だ。私の場合は、背筋を伸ばして座り、深呼吸をして両肩を下げる。

これまでの曖昧化に比べるとより込み入った問題である点を意識しながら、気づいたことを伝えよう。

「まったくの筋違いかもしれませんが、本当の問題をまだ話し合っていないような気がします。私だけなのか、それともあなたも同じように感じているでしょうか?」

もし相手が、ええ、確かに今の話題は緊張感や濃度、熱量という点で物足りないと認めれば、フォーカスする質問をしていいだろう。「何」を強調して、「それでは、◯◯さんにとって、ここで取り組むべき本当の課題は何だと思いますか?」と聞く。

もし相手が、いいえ、この話題は間違いなく話し合うべきテーマですと答えたら、対応として2つの選択肢がある。相手に同意して会話をそのまま進める。もしくは、自分の仮説を次のように試してみる。

「確かにそうかもしれません。けれども、一点確認してもよいでしょうか? もちろん、まったくの見当違いかもしれません。しかし、もしかして(自分が思っている話題)について、本当は話し合うべきではないでしょうか?」

相手が再び、いいえと答えたら、それ以上押し進めなくてもいいだろう。しかし、違う話題を持ち出すことで、相手が自分からは言い出せなかったが話してもいいと感じるようになる場合もある。

「コーチングの習慣」を自分に植えつけよう

始まりは……相手と自分が妥協して、真の問題を避けていると気づく。

避けるべきは……相手と一緒になって臆病になり、それほど重要ではない別の問題について会話を続ける。

やるべきは……「横道に逸れるかもしれませんが……」と、2人が陥っている状況に触れ、慎重に、相手に確認する。そして、少し言葉を変えてフォーカスする質問をする。

「……けれども、これは実際のところ、◯◯さんが取り組むべき本当の課題でしょうか？」

相手の意識がまだ自分に追いついていないが追いついてもらいたい場合は、話し合うべきだと自分が考える課題を試しに提示する。

「確信はないのですが、たとえば×××（自分が考えている話題）やその周辺についても探る価値はあるのではと思うのですが。◯◯さんが取り組むべき本当の課題は、このあたりにありませんか？」

ポン ポン
ポン ポン
ポン ポン
ポッ プン
ポン

▽曖昧化その4　ポップコーン現象

様態……会話の中で問題が増殖していく。「何か気になっていることはありますか?」と聞くと、最初の問題、次の問題、さらに別の問題と、ポップコーンが弾けるように次々と挙がる。

ポン。

ポン。

ポンポン。

ポンポンポンポンポンポンポンポンポンポンポンポンポンポップンポン。

強力な阻害要因……急速に会話の収拾がつかなくなっていると気づく。シンプルな質問に対して、せきを切ったように相手がしゃべり出したのだ。3件、7件、15件と問題がどんどん増えて、どれから手をつければよいのかわからない。この混乱をどう収めるべきか。「助けたがり」と「コントロールしたがり」がうずうずしている。

留意すべき点……問題は1つずつ片づけるしかない。まずは、最も大事な課題を選び出す必要がある。その主体はあなたではなく、相手だ。解決策やアイデアを次々と出したくなるところだが、解決すべき問題を相手が見極めるのを助けるのが、成功への道だ。間違ったつまらない問題を勝手に選び、策を口走らないように注意する。

退治の仕方……アドバイス・モンスターが会話の主導権を握ろうとするのに気づくように。手短にあいさつをして、おりの中にしっかり入れておこう。

真の課題を選び出すのは、自分ではなく相手の仕事だと頭に入れる。真の課題をうまく見極められるよう、自分は助ける側に回るのだ。それにより相手の判断力が向上して、自信や自立心が持てるようになれば、本人だけでなく自分にもプラスになる。

ここでも、曖昧化の現状を伝えるのは（双方にとって）役に立つ。たとえば、「課題がこんなにたくさん出てきましたね！」と応えるのだ。

そして、何から始めるか自分が選びたいのをこらえて、その仕事を相手に委ねる。「フォーカスする質問」のこのバージョンを使おう。「このうち1つ、○○さんがここで取り組むべき本当の課題は、どれだと思いますか？」「1つ」を強調して、相手に選択を促すのだ。

ほかの問いかけもできる。質問によってはより手早く楽にできる。「どの問題から始めましょうか？」「このうちどれか1つに集中するなら、どれが最も効果が見込めそうですか？」「その1つを解決すれば、ほかの問題も解決できそうな問題はありますか？」

「コーチングの習慣」を自分に植えつけよう

始まりは……相手がたくさん課題を投げつけて、ポップコーン現象を起こす。

避けるべきは……最も手早く、または簡単に解決できる問題、または効果大の問題を自分が選び出す。

やるべきは……「問題は1度に1つずつしか取り組めません」と、問題が起きていることを伝え、こう質問して相手に選択してもらう。「◯◯さんにとって、ここで取り組むべき本当の課題はどれだと思いますか？」

▽曖昧化その5　大局観

様態……始まった会話は、つまらなくはない。最近の話題や傾向について話している。少しは興味のある話ではある。しかし、相手は自身について語らない。言っている内容に「私」がちっとも出てこないのだ。一般論や全体論、「私たち」「彼ら」の域を出ない話になっているとき、その話に本人が関与していないとき、その会話は「大局観」に陥っている。

強力な阻害要因……双方にとって快適な状況ではある。新たな視点や課題、成長のきっかけは見えないが、それなりに会話は成り立っていて、情報交換もしている。意味がないわけではなく、十分快適で、何より安全な会話だ。「コントロールしたがり」がまさに大好きな状況だ。波立つものは何一つない。

留意すべき点……現状をまとめた概要が必要なときと場所というものはあるが、コーチングの会話は一般的にそれにあたらない。単なる概要を越えて相手にかかわってこそ、新たな視点や行動が生まれるのだ。

退治の仕方……会話を一般論から具体論へ、抽象的な話から個別の話へと導く必要がある。まずは、現状を伝える。何が起きているか説明するのだ。少し変化をつけてこう言ってもいい。

「その話は重要ですが、まだかなり俯瞰《ふかん》的な内容ですね」

そして、フォーカスする質問をする。今度は最初の「○○さんにとって」を強調して聞こう。

「○○さんにとって、ここで取り組むべき本当の課題は何だと思いますか?」

「私たち」「彼ら」という言葉に気をつけよう。これらが相手の口から出てきたら、指摘する。

「『私たち』『彼ら』の話になっていますが、私が聞きたいのは○○さんの話です。○○さんにとって、ここで取り組むべき本当の課題は何だと思いますか?」

「コーチングの習慣」を自分に植えつけよう

始まりは……相手は大まかな話をして「大局観」を語る。「私たち」や「彼ら」の話ばかりで、自分の課題について話さない。

避けるべきは……会話をそのまま安全な一般論にとどめておく。

やるべきは……問題点を指摘して、大局観の語りを切り上げさせる。「興味深い話なのですが、○○さんの話に入りましょう」。そして、フォーカスする質問をする。「○○さんにとって、ここで取り組むべき本当の課題は何だと思いますか?」

▽曖昧化その6　長話

様態……古代ギリシアの時代、ホメロスの足元に座り、オデュッセウスがペネロペイアの元へ帰る長い旅路の語りに耳を傾けるのは、どんなものだったろうか。キルケー、セイレーン、スキュラ、カリュブディス、キュクロプスといった魔女や怪物らと対峙し、ワイン色の暗い海を越えて英雄が帰還する壮大な話。これこそが物語、叙事詩だ。

現代では、そのような話に耳を傾けている時間はない。しかし、会話の相手は物語を語りたがっている。なんと長大な話だろう。言葉と情報が限りなく流れてくる。確かに、「何か気になっていることはありますか?」とは聞いた。しかし、すべて話してと言ったつもりはない。とにかく話の細かさが尋常ではなく、情報量は十分過ぎるほどあふれている。「長話」に陥っているのだ。

しかも、どうも自分はそれを奨励しているようにも見える! コーチは相手の話を聞き、励ますべきだろう? うなずいて見せ、「関心を持ち、少し心配しつつも相手を思いやっている」ように見せている。ときおり、「うん、うん」「もっと教えて」、さらに「あと、ほかには?」と言って、相手の話を促す。相手は積極的に話し、自分も積極的に聞いている。しかし、心の中であなたはこう叫んでいる。「いつまで続くのか? いつ本題に入るのか!? いつまで続くのか? いつ本題に入るのか!?」

強力な阻害要因……細かくて具体的な話は、さまざまな理由で魅力的だ。まず、私たちは面白い話を聞くのが好きだ。少しの発見と満載のゴシップ。ぜひ聞きたい! 次に、良いコーチになったような気になれる。相手に時間と余裕をたっぷりあげてアクティブ・リスニングをしっかり実践し、確認事項も漏れなく聞き、しかも自分は会話にそこまで深く関与しなくてもいい。最後に、これが最も狡猾なのだが、「教えたがり」を勢いづかせるのだ。詳細を集めれば集めるほど、解答がわかるように思えてくる。だから、相手をサポートするだけでなく、自分のアドバイス・モンスターを養うためにも、話を聞き続ける。

［　結局のところ、誰も関心を持っていない　］

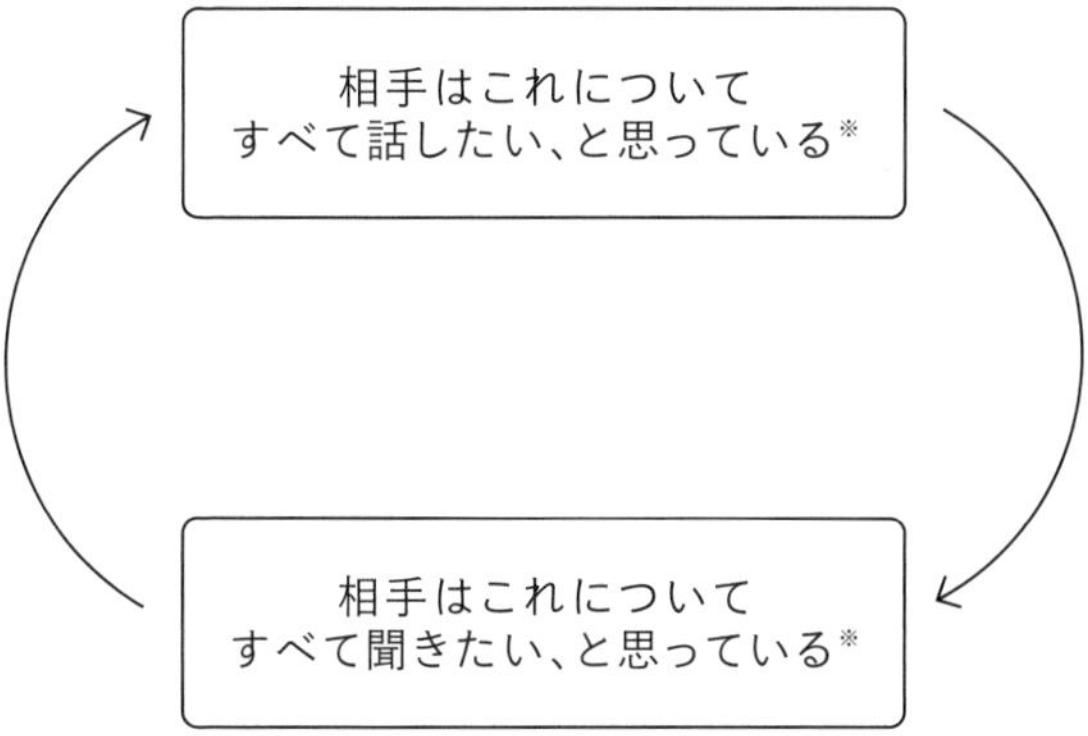
相手はこれについて
すべて話したい、と思っている※
相手はこれについて
すべて聞きたい、と思っている※

※実際は、相手はそうしたいわけではない

留意すべき点……具体的な話をほとんど知らなくても、上手なコーチングはできる。それどころか、その話題についてまったく知らないほうが有利なときもある。理論めいた解決策を授けようにも授けられないからだ。ほとんどの場合、話している相手も、詳細な物語は必要ないと承知している。彼らも実はわかっているのだ。しかし、あなたが熱心に聞いてくれるから話している。何かの役に立つよう、自分なりに懸命に話している。そうやって、本題である「取り組むべき課題」は放置されたまま、会話は進むのだ。

退治の仕方……すでに儀式ともいえる確認事項だが、この曖昧化の背後にはアドバイス・モンスターがいる。たいてい、それは「教えたがり」だ。相手がこれだけ細かい話を教えてくれたのだから、特別なアドバイスができると考えている。

しかし、この異常な状態は打ち切るべきだ。話を中断しよう！　その話に割って入らなければ、相手の独り言に延々とつき合うことになる。話を中断する上手な方法は？　話を止めると相手に伝えるのだ。「ちょっと話を止めますよ」「そこで話を止めましょうか」と声をかける。相手と同じ部屋にいるかビデオ通話をしているなら、声がけと同時に手を挙げて、中断の合図を出してもいい。

いったん相手が話をやめたら、生じている問題を伝えよう。「問題がたくさんあるのはわかりました。時間の都合上、ここで論点を絞りたいと思います」。そして、フォーカスする質問を使い、真の課題を探る。

「つまり、◯◯さんにとって、ここで取り組むべき本当の課題は何だと思いますか？」

これに対して相手が再び物語に入ろうとしたら、改めてこう尋ねよう。より強調した言い方をするのもよいだろう。

「詳細は今は必要ありません。私が最も聞きたいのは、◯◯さんが取り組むべき本当の課題は何か、ということです」

「コーチングの習慣」を自分に植えつけよう

始まりは……どこへ行き着くかも何が言いたいのかも見えない物語を聞かされている。これは「長話」だ。

避けるべきは……いずれ何かはおのずと解決するだろうと期待して、関心があるふりを続ける。

やるべきは……話を中断し（「話の途中ですが、ちょっと中断させてください」）、問題を指摘して（「話の核心に入りましょう」）、そして尋ねる。「○○さんにとって、ここで取り組むべき本当の課題は何だと思いますか？」

▽「曖昧化」に関する質問

私はこれまで世界中のリーダーや管理職に向けて「曖昧化」について話をしてきたが、会場がカナダのサスカトゥーンだろうが、シドニーだろうが、シアトルだろうが、サウス・ロンドンだろうが、必ず挙がる質問が４つある。

「真の課題を見つけたと、どうしたらわかるのか？」

体操女子のシモーネ・バイルズ選手が跳馬で着地を決める姿を見たことはあるだろうか。集中力の塊となって踏み切り、跳躍し、スピンして、ぴたりと着地する。真の課題を明らかにしたときの、たどり着いた――バシッ！　ここだ――という感覚も、レオタードこそ着ていなくても、それに少し似たものがある。見事に着地したと、自分も相手も感じる瞬間があるのだ。

しかし、ここで注意だ。「怠ける」原則を思い出そう。自分の中で決めつけて次に進むことのないよう、相手に確認するのだ。いつもの信頼できる「フォーカスする質問」を、変化をつけて使えばいい。

「これがまさに核心のように思いますが、確認してもよいですか？　これは◯◯さんにとって、取り組むべき本当の課題でしょうか？」

もし相手がそうだと答えたら、素晴らしい。探りあてたのだ。相手が違うと答えても、素晴らしい。このように尋ねよう。

「わかりました。それでは、◯◯さんにとって、ここで取り組むべき本当の課題は何だと思いますか？」

そうして、会話を続ければいい。


「真の課題が見つかったとき、何が起こるのか？」

真の課題を探り出すのには不安がつきまとう。いくつもの層を剥がしていくと……見つけた。それはインディ・ジョーンズがついに秘宝を発見したときに似ている。その瞬間、畏怖の念が湧き上がる。そして冒険は続くのだ。

よく起こることが2つある。1つは、これが起こると最高なのだが、本当の課題を見つけるのとほぼ同時に、何をすべきか相手がわかる場合だ。その顔は洞察を得て輝き、その1ナノ秒後に体がこう訴えるのがわかる。「早くこの場から解放されて、すぐにでも動き出したい！」話はそこでおしまいにできる。相手はすぐに行動を始めるだろう。

もう1つは、相手は真の課題を見つけたが、何をしたいかはすぐにわからない場合だ。すぐにもアイデアを一緒に出したくなる気持ちは、ここで抑えなければならない。一緒にアイデアを出すのは当たり前の行動のようだが、してはいけない。代わりに、場をつなぐ一言を入れる。

「本当の課題が見つかったようですね」

そして、「怠ける質問」をする。

「さて……私にできることはありますか？　ここで、何かしてほしいことはありますか？」

相手は何が必要か話し始めるだろう。考えをまとめるのを助けてあげたり、相手に任せて考えを出させたりすればいい。

「真の課題を結局見つけられなかったら？」

これはあり得る話で、心配しなくてもいい。「1回で決めるべきだ」と自分の中で言うアドバイス・モンスターは鎮めるように。真の課題と思われるものに到達したが、会話が進むうちに、実は本当の課題ではないかもしれないと疑念が湧いたら、改めて相手に関心を持って集中するところまで戻ればいい。これは、「妥協」と同じケースだ。まず、相手に伝えよう。

「確認させてください。やはりこれは真の課題ではないかもしれないと今思い始めています」

これに相手が賛同するか確認する。賛同するなら、探究に戻る。

「となると、◯◯さんにとって、ここで取り組むべき本当の課題は何だと思いますか？」

「『ほかには？』は何回くらい言っていいのか？」

皆さんがよく抱く心配は、「『ほかを聞く質問』をしすぎる」ことだ。フォーカスのための合わせ技を実践するとき、またはどんな会話であれ「あと、ほかには？」を使うときに、不安になるようだ。

まず、私たちが警戒すべき最大の問題は関心の欠如であり、関心の過多ではない。質問をしすぎて失敗するのは、それほど悲惨ではない。

起こりうる最悪のケースはせいぜい、「ほかには何もありません！」と相手に言われることだが、これは失敗ではない。この質問の役割は終わったという意味だ。別の質問に切り替えて進めばよい。

あと、ほかには？
あと、ほかには？
ほかに何か
ありますか？

私自身がよく実践するパターンは、「あと、ほかには？」を2回聞き、それから少し変化をつけて「ほかに何かありますか？」と聞く。最後の質問は、この問いを終える選択肢を相手に与えると同時に、もっと探りたい話があるならまだ大丈夫ですよと伝えるためにする。

▽次の段階へ

6つの曖昧化への対処法は、あなたがやり遂げようとしている「難しい変化」をあと押しするための実践的な手法だ。生まれ変わった「将来の自分」は、答えを出すことが「価値の付加」につながるとはもはや思わない。あなたのチームメンバーが挑戦すべき真の課題を見つけ出すのを助けてこそ、強力な付加価値になると心得ている。

しかし、この作業は自分だけでは完結しない。相手に関心を持ちながら質問すると同時に、相手にもできるだけ積極的に会話に参加してもらう必要がある。これは簡単なようで、そうではない。人間の脳は楽な道を常に探そうとするからだ。幸いにも、関与についての神経科学を用いれば、出口を封じて、相手が話したくなるような場を作れる。話し合いにより深く関与するほど、本人の成長のチャンスは広がるからだ。

▽この項で最も役に立った、または大事だと思った話は？

盛りだくさんの内容だったので、おそらくすべては覚えられないだろう。では、ぜひ覚えておきたいのはどの話だろうか。自分にとって重要な点を１つか２つ書き出してみよう。

実践編 2

何回も練習する
何回も練習する
何回も練習する
何回も練習する
何回も練習する
何回も練習する
何回も練習する
何回も練習する
何回も練習する

▽より密に、速く、すっきりと

幼い頃のジョッシュ・ウェイツキンはチェスの神童だった。同年代の間で何度も全米チェスチャンピオンになり、映画『ボビー・フィッシャーを探して』のモデルにもなった。私はチェスに詳しくないので、この話にはあまり興味はない。面白いのは、彼がその後、チェスから武術へと活動の場を移し、まるで違う領域の太極拳で世界チャンピオンにまで上り詰めたことだ。極めつきに、上達のプロセスという、より高次元の話に興味を持ち、著書『習得への情熱――チェスから武術へ――』（みすず書房、2015）を書き上げた。

この本の中でウェイツキンは、ある基本的な原理を磨く方法として、より小さな円を描く話をしている。それは武術においては、股関節の力を抜いて体の重心を移動させたり、より深くリラックスしたりすることだという。核心に迫る集中、そして反復と洗練を経て、心身が完全に調和する場所を感じるようになる。この洗練が、より小さな円を描く行為にあたる。物事の本質に近づきながら、技の力を凝縮させていくのだ。

だからコーチらしくなるために「五点掌爆心拳［訳注・5つのツボを突くと、相手は5歩歩いて倒れて死ぬ、という武術の必殺技］」を練習しろとは言わない。少なくともその必要はない。

しかし、小さな円を描くことを考える際に、以下の2点を頭に入れておくといい。

①１つ選ぶ

私は前著で、ダニエル・コイル〔訳注・作家、ジャーナリスト〕が提唱する「深い練習」を紹介した。この概念はウェイツキンと同じ考えに基づいている。大きなものを小さな構成要素に分解して、１つひとつの要素を注意深く練習するのだ。

コイルは、テニスで上手にサーブできるようになるには、サーブ自体を練習するのではなく、ボール突き、トス、フォロースルーを別々に練習すべきだという。それぞれの動作にしっかり取り組むのだ。速くやってみたり、ゆっくりやってみたり、変化をつけてみたり。そうやって動作を洗練させて、円をより小さく描いていくのだ。

この考えが示すのは、練習したい中心的なものを１つ選ぶ、ということだ。人間はそれが苦手である。すべてにおいて、すぐにでもうまくなりたいと思う。それに逆らって、１つ選ぶのだ。

たとえば、「あと、ほかには？」の言い方でもいいし、「○○さんにとって、ここで取り組むべき本当の課題は何だと思いますか？」の質問で強調する言葉を変えると効果も変わる点を意識することでもいい。ほかにもあるだろう。

とにかく、取り組みたいものを１つ選び、練習しよう。

②時間の問題ではない

マルコム・グラッドウェルが広めた「一流になるための1万時間の法則」を耳にしたことはあるだろうか。似た話で、新しい習慣を身につけるのに必要な時間について、さまざまな言説を皆さんも聞いたことがあるかもしれない。21日か？　66日か？　あるいはもっと長いか？「……には、どのくらいの時間が必要か」という問いには、人が喜びそうな明快な答えが常に用意されるものだが、そこで喧伝される説は議論されては否定され、しばらくすると再び流布される。要するに、「どれくらい時間がかかるか」という問いは適切ではないのだ。

一流になるというのは、どれだけ日数をかけるかという話ではない。反復するという問題だ。何回も、特に「深い練習」における注意深さをもって繰り返すうちに、神経経路が活性化して強化され、習慣は根づく。練習によって、思考（変化したいという願望）と行動（変化させたいもの）は、新しい行動の黄金律へと変貌する。自分のアドバイス・モンスターを手なずけたい、「コーチングの習慣」を自分に植えつけたいと思うのなら、来る日も来る日も実践あるのみ。それくらいシンプルで、かつ難しいことなのだ。

ときどき
することより、
毎日することの
ほうが
重要だ。

——グレッチェン・ルービン

The Advice Trap 03

出口を封じる

相手が会話に
参加し続ける
ようにする。
それが
あなたの仕事だ。

▽相手は逃げたがっている

困難な状況になると、脳は逃げ道を探し始める。え？　悪い知らせかって？　どんな会話も困難になる、またはいつ困難になってもおかしくないという話だ。

人間の脳は、生存競争を勝ち抜くために悲観的にできている。懸念材料はないか周囲を5秒ごとに無意識のうちに調べ、不安定、不確実なものがあれば、すぐにも「まずい！　退却！」と警告を発するのだ。この退却は、闘う、逃げる、あるいは固まるという形をとる。会話においては、参加しない、または「閉じこもる」という相手の行動に表れる。当人にとってその場は黒か白かの二極化した世界と化し、クリエーティブな態勢ではなくサバイバルの態勢に入ってときには敵対的な反応もする。つまり、この会話であなたが相手の最善を引き出していないことは確かであり、最善のコーチングをしたとしても成果はないだろう。

適切な会話の空間を確保してくれる人がいるおかげで、本人も安心して物事を見極め、本当の課題を見出し、集中力を高められる……それは贈り物ともいえる貴重な体験だ。そのように安全で、人を引きつけ、成果も出る会話をどうしたら実現できるだろうか。

私は前著で、人の関与についての科学を理解し、利用する方法としてＴＥＲＡを紹介した。脳がその場の安全性を評価する４つの要素の頭文字を取った言葉だ。

TERAの選択肢

Tribe（仲間）
「あなたは私の味方か、敵か」

Expectation（見通し）
「今後について私は
知っているか、知らないか」

Rank（地位）
「あなたは私より重要か、
そうでないか」

Autonomy（自主性）
「私はこの件で発言できるか、
できないか」

Tribe（仲間）……「あなたは私の味方か、敵か」
Expectation（見通し）……「今後について私は知っているか、知らないか」
Rank（地位）……「あなたは私より重要か、そうでないか」
Autonomy（自主性）……「私はこの件で発言できるか、できないか」

TERAの指標が高い――そして、安全な状況だと脳が判断する――と、人は積極的に会話に参加し、脳の最も賢い部位を使ってその場の機微を読み取り、会話には前向きな意図があるはずだと考えて最善を尽くそうとする。これにより会話の参加者全員が成果を得られる。

活発な会話を増やすために、相手を話にとどまらせるべくTERA作戦を使って出口を封じよう。4つの要素には目指すべき指針と課題がそれぞれあり、具体的な言葉や行動を駆使することで、TERA指数を上げるのだ。いずれも1対1の会話だけでなく、さまざまな規模の会議に使える。私が数千人規模の会場で講演を行うときは、TERAの要素をいくつも話に織り交ぜて、聴衆を引きつけるようにしている。

TERA作戦は、「教えたがり」「助けたがり」「コントロールしたがり」が現れるのとは正反対の状況を目指す。アドバイス・モンスターが現れた途端に、相手は会話から逃げ出そうとするからだ。

アドバイス・モンスターが顔を出した瞬間、相手は会話から逃げ出そうとする。

▽T：仲間（Tribe）――味方になる

脳には、自分が仲間に囲まれているかどうかを知りたがる性質がある。「あなたは味方か、敵か」と相手の目が問いかける。自分を支えてくれる人だと感じると、相手は安心する。よって、ここで掲げるべき指針は「味方になる」だ。それに伴う課題は、**仲間意識を高めることだ**。2人の間のどんな障壁を取り除けばよいだろうか。

目に見える物理的な障壁は最も対処しやすい。見えない障壁はより微妙で影響力がある。それを理解して、相手のためにどんな言葉をかけたり行動をとったりできるか考えよう。

こう言ってみる

質問をしよう。アドバイスなど何かを一方的に「してあげる」のではなく、相手に話してもらい、ともにこの問題に取り組むのだ。

励みになるようなちょっとした言葉を挟む。「なるほど」「ええ」「良いですね」「すごい」「すてきです」「素晴らしい」「そうですね」「そのとおり」など。

機会を見つけて「私たち」「我々」という言葉を適切に使う。適切に、という点については、読者の皆さんもすでによくわかっているだろう。

相手も1人の人間だから、その心の状態を確認してから会話を始める。
私がよく使う質問は、これだ。「先週の出来事で最高だったことは何ですか?」
そして、さらに深めるためにこう聞いてもいい。「……そして最低だったことは?」
相手が抱いていそうな感情を認める。「それは大変そうですね」「難しそうですね」「面白そうですね」など、シンプルな言葉でよい。すっかりセラピストのようになって、たとえを使ったり分析的な話し方をしたりする必要はない。

こう動いてみる

相手の話に賛同する意を体で表そう。たとえば、うなずいたり、眉を素早く上げたりする動きは、熱意や同意を伝える。

適切なボディ・タッチも、同意を得ている限り使おう。握手したり、肩やひじに触れたりすると、互いのつながりをより感じられる。私が講演をするときは、ドア付近に立って来場者と握手するようにしている。

共通のシンボルを表示するのもいい。カナダのある銀行では、すべての従業員が会社名の入った小さな緑のバッジを装着している。「仲間」意識を本質的につくりだすための道具だ。

共通の敵をつくろう。それにより共通の目標も掲げられる。「彼らに対する私たち」を意識すると、仲間意識が生まれる。

相手は何かしら前向きな意識を持っているはずだと考えるように。相手が最善を尽くしていると思えば、「私」対「相手」という構図に簡単には陥らない。

何が邪魔をするのか

こうしたTERA指数を使うのにもし抵抗感があるとしたら、その理由は知っておくべきだ。どんな行動にも「ほうびと罰」はあり、相手に仲間意識を持ってもらう行為にもコストは生じているのだ。

その場の仲間意識を高めると、自分のアドバイス・モンスターのおりを揺らすことになる。特に「コントロールしたがり」が機嫌を損ねる。相手との障壁を取り除けば、自分の支配力が落ち、序列が失われ、確実性が薄れ、より無防備になるのだ。

自分の中のこれらの抵抗感を意識しつつも、押し切って実行するのには価値がある。多少の居心地の悪さを感じるかもしれないが、どうやら惨事にはならないようだとわかるだろう。しかも利点として、相手はより積極的で賢くなり、やる気を増すのだ。

▽E：見通し（Expectation）――未来を見せる

脳はこの先の出来事を知りたがる。予測がつくと、落ち着ける。よって、「これから何があるのか私は知っているか」と問いかける相手に対し、持つべき指針は、「未来を見せる」。これに伴う課題は、**これから進む道を照らし出して不可解な点を取り除く**ということだ。

このためには、相手が現在地を常に確認できるように、小さな道標をいくつも作る。プロセスを隠して魔法かと思わせるのではなく、積極的に見せていくのだ。これもやはり、言葉と行動をとおして実践する。

こう言ってみる

ト書きのような質問を心がける。たとえば、「ここで1つ質問します……」「お話をちょっと中断します……」「お話に割り込んで、私の考えも追加しますね……」など。これらの言葉は潜在意識に働きかけるのに近く、相手の脳が今何が起きているかをつかむ手がかりになる。

数を使おう。「対処すべきことが○点あります」「アイデアを○つ出してみましょう」といった具合だ。

時間も使う。「これから5分ほどかけて、真の課題を見つけていきましょう」「あと10分で会話を切り上げましょう」などと言う。

話を明確にするための質問もしよう。話の筋が見えないと感じたら、それはほぼ確実に自分だけではないはずだ。明確にする質問をすれば、会話に参加している全員が助かる。

こう動いてみる

会話を進める際に、説明を入れよう。たとえば、「ここから少しの間、話を掘り下げて真の課題を探ってみましょう」とか、「お話に割り込んで質問させていただきます。『ここであなたは何をしたいのか』聞かせてください」などと言う。

話をたくさん区切り、次の区切りへ移行するときは説明を入れよう。それによって、1つの話題が終わり、新しい話題へ移ることがはっきりと見える。「本当の課題を把握しましたね。それでは次に、これをどう解決するか考えを出していきましょう」といった具合だ。

選択肢の数は絞ろう。選択肢を提供するのはよい（「自主性」を参照）が、その数が多過ぎるとかえって混乱する。たとえば、「食堂で会いましょうか、それとも私のオフィスにしますか？　またはほかのどこかが良いですか？」くらいに絞って聞くと、選択肢を提供しつつも相手を迷わせない。

俯瞰するのも有効だ。細かい話から一度離れて、大きな視点で何が起きているか話す。「真の課題を見つけ出すのに、私たちはどうも手こずっているようです」

「何を考えているのかわからない人」と相手に思われないために、自分がどんな状態、どんな気持ちでいるのかを伝える。「この話にはわくわくします」「話が見えなくなりました。どういうことかよくわからないのですが」「時間が迫っているのを感じます……お話しできるのは、あと5分間ぐらいです」

何が邪魔をするのか

相手のために今後の見通しを明確にする行為に抵抗するのは、「コントロールしたがり」だ。これまでは自分が会話を牛耳り、進行を管理して、手の内も明かさなかった。そこに誰をも介入させず、仮に思いどおりに話が進まなくても気づく人はいなかった。この手法を変えようとしているのだ。

話の進行具合を常に見せて、会話を議論の場、ときには力を出し合う場にする。そうすると、会話がうまく進まないときは、相手もそれに気づける。

「コントロールしたがり」はくだらないことはやめろと訴えるだろうが、その声は無視して、一歩踏み出してどうなるか見てみてほしい。

最もうまく
話せることと、
最善の
アイデアを
持っている
ことの間に、
相関関係は
まったくない。

──スーザン・ケイン

▽R：地位（Rank）――引き上げる

自分は周囲の中でどんな地位にいるだろうか。脳は、周りと対等またはより上の地位にいたがる性質がある。低い地位に置かれると、あまり良い気持ちがしない。

「私はあなたより重要か、重要でないか」と探る相手に対し、持つべき指針は、相手を「引き上げる」こと。そのための課題は、**重要な存在だと本人に感じ続けてもらう**ことだ。

不自然におだてたり、根拠もなくお世辞を言ったりするのではない。そんなものには誰もだまされない（まあ、ほとんどの場合は。ただあなたは間違いなく、そのような言葉に惑わされる人ではない）。これは、相手に会話に全面的に参加してもらうためのものであり、あなた自身をおとしめるものではない。人を力づけるパワフルな行為だと考えてほしい。

こう言ってみる

コーチングの7つの基本的な質問はいずれも相手を引き上げられる。質問を通じて、次のようなメッセージを相手に送っているのだ。「あなたの意見は重要です。どうぞ議題を決めてください、意見を言ってください、会話を進めてください」

特に、「あと、ほかには？」と聞くのは有効だ。相手に主導権を与え続けられる。

自分より先に話してもらおう。お勧めは、「私もいくつか思いつきますが、それを言う前に……○○さんはまずどう考えますか？」と聞く。そして、「あと、ほかには？」とさらに聞く。

注意！

「地位」は権力と支配にまつわる事柄のため、あえて述べておく。私自身は生まれや育ちに恵まれたおかげで、「地位」について大半の人より活用または譲渡できる余地がある。私と似た層の人であれば、私と同じように自分の地位を下げることで相手の地位を上げられる。しかし、私と異なる層の人の場合は、「地位」をどう扱うか、特に自身の地位を会話のどのタイミングでどう下げるかについて、慎重に考えることをお勧めする。

自分の地位を下げる方法は2つある。1つは、相手の地位を上げること。「○○さんのほうが、私よりよく知っていると思いますが……」「この問題を一番よく知っているのは、○○さんですよね」など。もう1つは、決めつけた言い方や権威的な言い方をしないようにする。「私が思いつく範囲ですが……」「間違っているかもしれませんが、あえて挙げると……」「これが役に立つかわかりませんが、お尋ねしてよいですか……」などの言い方がある。

自分の地位を下げて、相手を引き上げる。

こう動いてみる

自分の質問に対して、互いに答えを出し合う。たとえば「仲間」で紹介した、相手の心境を確認する手法を使うとき、自分にとって最近の最高の出来事、最低の出来事についても話す。そうやって情報を交換し合う場にする。

目に見える邪魔を取り除く。相手との間にある机や、ステージ上の演台といったものだ。服を調節する。たとえば、ジャケットを脱いだりネクタイを取ったり、袖をまくったりするのは、ビジネススーツの威厳を瞬時に「減じる」効果がある。

相手に対する物理的な位置を注意して選ぶ。たとえば、1人が立っているのにもう1人が座っている状況は避ける。代わりに、互いの視線が同じ高さになるようにして、向かい合って座ったり斜め向かいの席に座ったり、隣り合って座ったりする。

「地位」と「仲間」には、重なり合い、互いに役に立つ部分がある。片方に有効な方法はもう片方にも有効に働くのだ。共通の目標を掲げるのも、その1つといえる。

人は恐怖に
突き動かされて、
アドバイスをする。

――エリザベス・ギルバート

何が邪魔をするのか

人を力づけ、主導権を事実上明け渡すのを嫌うのは、「コントロールしたがり」だ。「何をしているんだ！」と叫んでいるのが聞こえてきそうだ。その騒ぎに「助けたがり」も加わる。人を助けるとき（私が解決できる、私がコントロールできる、私が力を持っている）、自分は高い地位にいるが相手は違う（あなたはうまくできない、あなたの手には負えない、あなたに力はない）。なのに、相手を招き入れ、押し上げたら、自分の責任は小さくなってしまうと「助けたがり」は考える。

アドバイス・モンスターは怒りで熱くなっている。良い傾向だ。しっかり汗をかかせておいて、目の前の相手を引き上げよう。

▽A：自主性（Autonomy）——選択肢を与える

人は選ぶ自由があるのを好む。脳は思うとおりにできると感じると、関与し続けようとするものだ。

「この場で自分は自由にものが言えるか、言えないか」と思う相手への対処は、当然ながら「選択肢を与える」ことになる。そして、**相手が選べる場面をどうつくるか**、という課題に取り組むのだ。

ありがたいことに、意思決定をする機会はいくらでもある。大きな意思決定は自分が引き続き対応しつつ、その他の多くの機会を相手に委ねて自主性を行使してもらうとよい。

こう言ってみる

7つの基本的な質問はどれも自主性を高めるのに有効だ。「何か気になっていることはありますか？」と聞けば、相手は議題を決めて、会話を自分が思う方向に導ける。

自主性を高めるのに最も有効なのは、おそらく本質的な質問だ。「何をしたいですか？」しかし、これはあくまで私の意見だ。皆さんの意見はどうだろう？

こう動いてみる

自分が対応すべき大きな枠組みを認識し、その範囲で複数の小さな選択肢をほかに与えるようにする。実例として、私たちが主催するワークショップでは、参加者に伝授すべき大事な項目の取り扱いや、規定の時間内に終わらせる点の2つは自分たちの仕事と認識している。一方、その枠組みの中で、参加者がどこに座るか、誰に働きかけるか、互いに何をコーチングするかといったさまざまな面で、当人たちが選択肢を持てるようにしている。

相手ではなくコーチする自分が問題を引き受け、「やるべきこと」を結局自分がまとめる状況に陥ったら、すぐに気づくように。助ける行為は、間違いなく相手の自主性を阻む。

何が邪魔をするのか

選択肢を与えるとは、本人に行き先を決めさせることだ。自分が何をしたいのか把握するだけの自信と能力が相手には十分あると伝えているのだ。アドバイス・モンスターの3人格すべて（「教えたがり」「助けたがり」「コントロールしたがり」）は、当然これに憤慨するだろう。

アドバイス・モンスターを手なずけ、相手に自主性を持たせる勇気を持ってほしい。

▽全体を見て調整する

４つのＴＥＲＡ作戦は互いに衝突する面がある点にお気づきの人もいるだろう。「仲間」によって一体感を強めると、「地位」の意味が薄れるかもしれない。「見通し」でその後の展開を語れば、「自主性」の自由度を下げるかもしれない。

しかし、これらは気にしなくてもいい。目指すべきは、ＴＥＲＡ指数を全体として上げることだ。音楽のミキシングで高音、低音、ボーカル音ほかすべてを調整してバランスをとるのと同じだと考えてくれればいい。ＴＥＲＡを上げるための作戦と戦略の最適な組み合わせを見つけ、出口を封じて、相手が引き込まれるような会話をつくりだしてほしい。

この項の最後に、ＴＥＲＡ指数の上げ方についてまとめておこう。

Ｔ（仲間）……味方になる
Ｅ（見通し）……未来を見せる
Ｒ（地位）……引き上げる
Ａ（自主性）……選択肢を与える

▽この項で最も役に立った、または大事だと思った話は？

人が会話に引き込まれていく仕組みについて、神経科学の観点から探ってきたが、どんな「アハ・モーメント（気づきの瞬間）」があっただろうか。覚えておきたい話があったら、ここに書き留めておこう。

実践編 3

気持ちよいと感じる要素を探す。

▽気持ちいい！

チャールズ・デュヒッグは著書『習慣の力』（早川書房、2019［新版］）で、習慣を構成する3つの要素について説明している。第1がきっかけで、引き金となる瞬間、またはその場の状況によって、行動が引き起こされる。第2は行動そのもので、引き金に対する自動的な反応だ。第3は報酬で、ドーパミンが脳内に分泌され「もう1回やって！」と叫ぶ。こうして習慣のループが完結する。

ジェームズ・クリアーの『ジェームズ・クリアー式 複利で伸びる1つの習慣』（パンローリング、2019）は、デュヒッグらの考えをもとに行動変化の4つの法則を提示する。その4つ目が「満足できるものにする」で、クリアーはその説明の中で行動変化の鉄則について語っている。

報われることは繰り返される。罰せられることは回避される。

（なお、ほか3つの行動変化の法則については、巻末「ボックス・オブ・クレヨンズ・ラボ」のページに掲載しているのでご覧いただきたい↓246ページ）

つまり、「コーチらしい行動」は気持ちよくなければ根づかないということだ。

それでは、意識的にこれを実践してみよう。

①**尋ねよう**……学びの質問「今回の話でどんなことが最も役に立ったと思いますか?」は、聞かれる側にとって非常にためになる。当人は一瞬立ち止まり、会話の価値に気づかされ、学びの瞬間を得る。その結果、新しい神経回路ができる。この質問は、相手の思考力を事実上増大させるのだ。

この質問は、する側にとってもためになる。これは学びの瞬間だけではなく、祝福の瞬間だ。あなたは今まさに1人の人間の役に立ったのだ。大げさに言っているのではない。聞いてほしい。相手は具体的に「このような価値があった」と伝えている。関心を持ち続け、相手が新しい視点を獲得できる空間を保持したからこそ、その人はより賢く、思慮深く、勇気ある人間になったのだ。そのことに誇りを持っていい。持つべきだ。「どんなことが最も役に立ったと思いますか?」と尋ねるのは、祝福の瞬間を用意するのと同じだと思ってほしい。

②**立ち上がろう**……ゴールを踏む、ゴールを決める、最高記録を出す——ほかお好みの表現で勝利を味わう——とき、体は自然な反応をする。力強く両手を挙げたり、小さくガッツポーズをしたり、両腕を大きく広げたり。誰かが近くにいたらハイタッチもありだろう。祝福は身体表現だ。身体で感じよう。

祝福は
身体表現だ。
身体で感じよう。

実践編1（95ページ）でゾーンに入るためにプライミングを利用したように、習慣のループを完結させる報酬を設けるのに、同様の考えを用いることができる。アドバイス・モンスターを少しの間でも寄せつけずに会話ができたら、何かポーズをとろう。派手でなくていい。脳内に「いい気分」物質を分泌させよう。

ソウルのゴッドファーザー〔訳注・ジェームス・ブラウン。代表曲に「I Got You (I Feel Good)」がある〕もそうやっていい気分になったんだ。私たちだってできる。

コーチングを
日常の行為にする。
それが
あなたの仕事だ。

The Advice Trap 04

浸透させる

▽どんなやり取りもコーチらしくできる

コーチングはもはやイベントではない。人との向き合い方なのだ

本書の献辞を読んだ人なら、この見出しにピンと来るだろう。20年近く前に、ピーター・ブロックが私のデビュー本のために書いてくれた推薦の言葉だ。

コーチングはもはや、「コーチングをするから私のオフィスへ来なさい」と人をたまに呼んで単発的に行う管理の手法ではない。コーチングはその瞬間に実践する——関心をより長く持ち続け、急いでアドバイスをするのでなくゆっくり時間をとる——行為であり、手段やタイミングを問わず、どんなやり取りにおいても意識すべき日常的な態度のあり方だ。どの瞬間においても、相手により長く関心を持つことはできる。

まず、コーチらしい行動をとれるさまざまなやり取りの手段と、それぞれの長所と短所を知ろう。次に、コーチらしい行動に特に向いている手段もあると知っておこう。

▽あらゆる手段を使う

同時性がある手段（直接対話、ビデオ会話、電話による会話）

最もわかりやすい例から始める。相手とリアルタイムで会話する場合だ。

相手への関心をより長く持ち続けるのに、場所は問わない。コーチングの時間をわざわざとらなくても、コーチング用の部屋に人を呼ばなくてもいい。廊下を歩いているときでも、エレベーターを待っているときでも、お茶をしているときでも、相手に質問はできる。

メンバーが地理的に分散して働く分散型組織やバーチャルチームが広まった今の時代に、ビデオ会話は特によく利用される手段だ。ＺｏｏｍやＳｋｙｐｅなどのサービスを使えば、互いにつながり関心を持つことができる。ただし厄介な面もある。まさにその画面に、受信したメールやテキストメッセージが映し出されるのだ。ビデオ会話中はこれらの邪魔者はオフにして、画面ではなくカメラに集中し、会話中の相手に全神経を向けるように。

電話によるコーチングは無理だと思う人がいる。ボディランゲージが伝えるニュアンスを読み取れないのを壁と感じるらしい。実際は、電話のほうがむしろ良いと考えるプロのコーチは少なくない。直接顔を合わせたときの難点を回避して相手に集中できるからだ。

特に何らかの力関係がある２人（上司と部下など）が対面すると、それぞれが「いい顔」をしがちである。しかし電話を使うと、なぜかそのような仮面を外して話せる場合が多いのだ。

また、集中して相手の話を聞けるため、相手の熱量や微妙なニュアンスの変化も感じられるという点でも優れている。

メールや
ショートメッセージを
使っている？
きっと
キーボードの中に、
アドバイス・
モンスターがいる。

非同時性の手段（メール、チャット）

電子メールやショートメッセージ、Ｓｌａｃｋなど、必ずしも即時対応しなくてもいい非同時性のコミュニケーションでは、コーチらしい行動をとることは難しいと思われがちだ。

相手の存在を近くに感じないと、あなたの本来の仕事は相手が課題を見つけて自立できるよう助けることであり、必ずしも解決策を示すことではないという点をいとも簡単に忘れてしまう。実際、この種のコミュニケーションは、メッセージを送る、受けるというやり取りになるため、アドバイス・モンスターが我が物顔をしやすくなる。

しかし、その状況は変えられる。本書ＰＡＲＴ２で紹介した７つの基本的な質問をキーボードの近くに置こう。そして、アドバイスや意見を書き始める前に、７つの中の少なくとも１つの質問を聞くよう自分に課す。２つだっていいかもしれない。

コーチらしい行動は、身近な人がときにどうしようもなくなって送ってくる長い乱文メールを受け取ったときにも役に立つ。３回くらいは読み直さなくてはいけなくて、「私の意見は各段落の下に書くから」と断り、受信したメールの段落ごとに自分のメッセージを入れ込んで返信しなくてはいけない、あの手のメールだ。

よりコーチらしい行動をとれば、すべてが変わるだろう。「返信」をクリックしたら、たく

> 最善のアドバイスは、
> アドバイスをしない人が
> 与えてくれる。
>
> ——マシュー・マコノヒー

さんの問題がある点をまずは認めたうえで、質問を1つする。

「あなたが向き合うべき本当の課題は何だと思う？」でもいい。もしくは、「私に何かしてほしいことはある？」と聞いてもいい。こうした返信を常に心がけていれば、この種のメールはやがてより短く、より要領を得て、あなたがもっとうまく助けられるような書き方になるはずだ。

文章をやり取りするときは、文の調子にぜひ注意を払いたい。ＴＥＲＡの項で触れた「疑わしきは悪と受け取る」脳の性質を考え、メールやチャットの文章が意図したとおりに伝わるよう万全を期したい。そのために絵文字を使うのも1つの手だ😊

調子を整えるフレーズも使える。「ちょっとお伺いしたいのですが……」は、どんな質問をも少し軽めに響かせることができる便利な言葉だ。あるいは相手にあえて何かを強いる旨を知らせる場合は、「せっつくようですが、1つ質問させてくださ い……」「無遠慮かもしれませんが、とりあえずお尋ねします……」などと書くことができる。

▽混ぜてみよう!

「Will It Blend ?（混ざるだろうか?）」は、ブレンテック社が仕かけるブレンダー製品の派手な宣伝キャンペーンだ。ブレンダーの威力を証明するために、人が「混ぜる」で思いつく範囲ぎりぎりの実験をしてみせ、ついには一線を越えてはるか地平線へと突き進んでいた。当初は比較的穏やかで、たとえば「コーチキン」の回では半身の骨つき鶏肉とコーラ1缶分を混ぜてヨーグルト状にしていた。その後、攪拌《かくはん》する対象はiPhone、木製のたいまつ、水やりホースと未知の領域へと爆進し、最後に私が見たときはアマゾンのエコーだった。これに比べれば、このあと説明する、普段のビジネスシーンにコーチングを混ぜる手法は至って簡単なので、安心してほしい。

1対1の場で

素直に認めよう。職場の毎週の定例面談は、気が滅入る時間だ。決まりきった報告会になりやすく、正直なところ上司も部下もうんざりしている。上司としては、部下の最近の動向を知りたい……まあ、ある程度は。部下としては、すべてはうまくいっており、自分は仕事に励む良い社員だと伝えたいが、「それを証明してみせて！」という会話の雰囲気には閉口する。報告会のために2人して貴重な時間を無駄にしないでほしい。チームの現状報告なら、ほかにもたくさん方法がある。

コーチらしいアプローチをとると、この同じ時間を蘇らせることができる。面談が硬直する原因の1つでもある定例の議題は横に置いて、「何か気になっていることはありますか？」と会話を切り出そう。もしこの変化が大き過ぎるなら、相手が驚いて固まらないように、やり方を変えるとあらかじめ伝えてもいいだろう。相手が答えたら、少なくともすぐに解決しようと動かないこと。代わりに別の質問をする。たとえば、「それでは、○○さんにとって、ここで取り組むべき本当の課題は何だと思いますか？」と聞く。その調子で、最後に自分の意見や考えを伝えるまで、どれだけ長く会話を続けられるか試してほしい。

会議の場で

会議はうまく進むと、成果は大きい。うまく進まないと、その場の誰もが思う。「人生の貴重な2時間が無駄になった！」会議の上手な運営を教える本は毎年のように出版され、よく売れている。

工夫はできる。人数をできるだけ抑える（アマゾンが掲げる「ピザ2枚が全員に行き渡る程度の人数」は参考になる）、時間を半減する（コンパクトで密度の濃い内容になる）か倍増する（全員で思考を深められる）など、やれることをやる。そして、そこにちょっとの関心を混ぜ込んでみよう。たとえば、「何か気になることはありますか？」と確認してみる。

進行表が決まっているのなら、各議題を質問形式で進めてみる。会議は、何かを祝うか問題を解決するために開いているはずだ。議題ごとに「ここで本当の課題は何でしょうか？」と尋ねることで、解決すべき課題やそのために必要なデータを明確にできる。

会議を終える際には、「最も役に立った、または大事だと思った点はありますか？」と参加者に尋ねる。立ち止まり、この会議が果たした役目や、次の会議をさらに良くするために何に注力すべきか確認する機会になる。

フィードバックとパフォーマンス・マネジメント

コーチングとフィードバックはしばしば同じ部類にまとめられるが、私は2つはかなり異なるものだと思う。コーチングは継続的に相手に関心を持ち続け、それによって相手が仕事を遂行し、新しい視点を得て、解決策を見出せるようにする行為だ。フィードバックは、必要に応じて会話を持ち、現状に対して、「うまくいっていない」（最もよくあるパターン）あるいは「うまくいっている」と自分の見解を伝える行為だ。

2つは別物ではあるが、相性がいい。フィードバックをコーチングの一環として行うと、概して効果が上がる。フィードバックとして伝えたい点をまず相手に言う。その方法はさまざまあるが、おそらく自分が最も手応えを感じるやり方があるだろう。どんな問題と影響が生じていて、どの仕事について手法を変えてほしいか伝えたら、そのあとはコーチらしい行動をとろう。

- フィードバックを伝えたあとで↓「**何か気になることはありますか？**」
- 違う手法を試みる仕事について考えてもらう際に↓「**〇〇さんにとって、ここで取り組むべき本当の課題は何だと思いますか？**」
- 仕事がいかに改善されるか考えてもらう際に↓「**どんなことを望んでいますか？**」
- 会話を終える際に、このフィードバックで何がうまくいき、何がうまくいかなかったか、双方が確認できるように↓「**今の話でどんなことが最も役に立ったと思いますか？**」

コーチング
とは、
関心を持つ
という行為だ。
フィードバック
とは、
自分の見解を
伝える行為だ。

こうしたアプローチは、フィードバック自体の効果を上げるだけでなく、多くの組織が行う、よりフォーマルなパフォーマンス管理にも有効だ。数多くの組織が現在、従業員のパフォーマンス管理のあり方について見直しを進めているが、確実に効果があるといえる点が1つある。物事に対処する土台として、上司がコーチらしい態度を持つことだ。

▽この項で最も役に立った、または大事だと思った話は？

この項では、コーチングをいかに日常に取り入れるかについて取り上げた。実践したいと思った点について書き留めよう。

実践編 4

フィードバックを
得よう。
早く得ても
遅く得ても、
価値はある。

▽オマージュ

実践編1（95ページ）で、行動経済学の重鎮リチャード・セイラーを紹介した。セイラーの偉大な指導者であるダニエル・カーネマンもやはりノーベル経済学賞の受賞者で、著書『ファスト&スロー』（早川書房、2012刊、2014年に文庫化）を出版している。

このファストとスローの手法をフィードバックに取り入れてみよう。

なおカーネマンは認知バイアスの研究における巨人だ。彼が説くシステム1とシステム2の思考活動や認知バイアスについてまだよく知らない人は、この研究に目を見張るはずだ。お勧めの書籍などを巻末「ボックス・オブ・クレヨンズ・ラボ」のページで紹介しているのでご覧いただきたい（↓247ページ）。

▽あまり早くなくても

実践編3（161ページ）で登場した習慣づけの権威ジェームズ・クリアーが、数年前にこんなことをSNS上でつぶやいている。「すべての学びはフィードバック次第だ。フィードバックを早く得られるほど学びも早い。よって、どんな分野でもフィードバックのサイクルが早い組織または職場、個人は競争に勝つ」。直感的に理解できる説だ。しかし、話はそれで終わらないと科学は教えてくれる。

私が好きな教育設計の本の1つに、心理学者のヘンリー・ローディガーとマーク・マクダニエル、作家のピーター・ブラウンによる『使える脳の鍛え方』(NTT出版、2016)がある。3人はこの中で、「フィードバックを直後に行うのではなく、少し遅らせたほうが学習の長期定着につながりやすい」という研究結果を紹介している。瞬時に行われるフィードバックは、先行する経験に溶け込んでしまうが、フィードバックを少し遅らせると、そのすき間時間が学習の定着度を上げるというのだ。

それでは、早いフィードバックと遅いフィードバックの両方を得るには、どうしたらよいか。

▽フィードバックに恵まれた環境で練習する

早くて濃いフィードバックを得られる練習場所が2つある。
「安全な場所」と「絶望的な場所」だ。

①安全な場所……自分の味方を思い浮かべよう。何があろうと自分を支持してくれて、自分に成功してほしいと願ってくれる人たちだ。その人たちに、自分がどんな状況にいて、どんなことをしたいか伝えよう。そして、支えたり励ましたり、フィードバックしたり相談に乗ったりしてくれるようお願いする。

自分がうまく仕事を遂行できたら、その人たちはそう伝えてくれるだろう。うまくいかないときも、そのとおり伝えてくれるだろう。いずれにしても安全な場所なのだ。そこで練習をすればいい。

②絶望的な場所……ジャニス・ジョプリン〔訳注・1960年代後半に活躍した歌手。以下の言葉は歌詞の一部〕は、「自由とは失うものがもう何もないこと」だと私たちに教える。もしかすると職場で、もう修復しようがない人間関係があるかもしれない。すっかり壊れてしまい、不満はたまっているが何をしても解決できなかった人間関係だ。

ならば、その関係においてコーチらしい行動の練習をしてみてはどうだろう。どっちにしてもすでに最悪の状況なので、それ以上悪化することはなく、良くなるしかない。それならこの際、やってみればいい。

▽内省

『使える脳の鍛え方』の著者たちは、もう1つ素晴らしいことを書いている。「内省は練習の一形態だ」。少しの時間をつくって振り返り、学習すれば、習熟への道を加速して進める。やり方はいろいろあるが、要は物事の終わりに自問し、答えを記録するのだ。

米陸軍が使う「After Action Review（活動後の見直し）」が参考になるかもしれない。3部構成の質問がある。まず、「どのような計画だったか……実際どうだったたか……計画と実際のずれはなぜ起きたたか」。次に、「何がうまくいったか……何がうまくいかなかったか」。最後に、「次は何について手法を変えるか」。あるいは、これよりもっとシンプルに、次回もっと力を入れたいものを1つ書いてもよい。振り返る時間をつくるのであれば、どんな方法でもよい。

早いフィードバックも遅いフィードバックも、両方とも大事だ。それなしに自分の行動を変えるのは難しい。

The Advice Trap 05

過去の不安を取り除く

あなたの仕事は、勇気を持って「将来の自分」に踏み出すこと。

▽真実性を試すテスト

本書PART1で紹介したアドバイス・モンスターを手なずける4ステップをたどると、変えたい自分の根本的な行動パターンと「難しい変化」の過程が見えるようになる。そこで新しい視点を得ることで、目の前の相手だけでなく自身についても、「現在の自分」から「将来の自分」へと前進させているのだと理解しながら、変化に取り組める。

進展を測るにはフィードバックが必要だ。順調に変化を遂げているのか把握しておきたい。相手と自分の2つの主体が変化するので、2つのレベルにおいて「経過」と「結果」を追跡する必要がある。

1つ目の「経過」は、言うまでもない。アドバイス・モンスターを手なずけたか、関心をもう少し持ち続けられたかという問題だ。2つ目の「結果」については、より深い問題になる。

▽「将来の自分」は失敗するか？

2つ目は、実のところ「難しい変化」の過程の重要な部分であり、アドバイス・モンスターを手なずける4つ目のステップ――「将来の自分」FTW（最高）！――にかかわる。

アドバイス・モンスターは、コーチらしくなろうと行動を変えれば今にも大惨事が起こると自分に思わせようとしている。その点を覚えておいてほしい。

「相手に力を発揮させれば、お前は失敗する」と3つの人格はくぎを刺す。相手に何をすべきか言わなければ失敗すると、「教えたがり」は言う。すべてのこと、すべての人に責任を持たなければ失敗するに違いないと、「助けたがり」は思っている。異変がないよう常に目を光らせていなければすべてが大混乱して失敗すると、「コントロールしたがり」は信じている。こうしたアドバイス・モンスターの心配にとらわれると、「現在の自分」から離れられなくなる。

次ページに掲載するテストが取り上げるのは、コーチらしくなるための新しい行動は失敗につながるという「現在の自分」の心配だ。それを抱えて悩み続けるのではなく、学びと変化のプロセスの一過程として心配と真正面から向き合うために、このテストがある。これにより不安を乗り越えれば、「将来の自分」へと変貌して大きな報酬をつかめる。不安を具現化するという直感に反する行動をあえてとり、果たしてその不安が的中するかを確かめるのだ。

よく浮かびそうな不安や心配を列挙する。自分にあてはまり、それについて試したいと思うものを選んでほしい。自分の不安を具体的にすると、おそれている惨事が新しい行動によって果たして現実となるかどうかがわかる。

言っておくが、混乱や失敗はできるだけ回避したい。事態の収拾がつかなくなってきたら、相手やチームに対してすぐにもアドバイスをするなり解決策を提示するなり、必要な対応を取っていい。

ただし覚えておいてほしいのは、コーチらしくなるための要素の1つは、行動やアドバイスにすぐに走らず、ゆっくり構えることだ。よって、不安に襲われても、少しの間こらえてほしい。そして相手と自分がどう行動するか、見てみる。双方とも、思っていたよりうまくやれるはずだ。実際やれたとき、「将来の自分」への足がかりを得られる。それは、あなたのチームのメンバーも同じだ。

① 主に「教えたがり」を試すリトマステスト

- 自分が最初に答えを提示しなくても、相手は自力でそれなりの答えにたどり着けるか、それとも何も思いつけないか。
- 自分がしばらく待つ時間をつくったら、相手は自分が言おうとしていたことと似た考えを結局は思いつくか、それとも私の考えは日の目を見ないままになるか。
- 自分がアイデアを出して「価値を付加」しなくても、今の役割のまま自分は尊重されるか、それとも地位も人望も失うか。

②主に「助けたがり」を試すリトマステスト

・自分が修復に入らなくても、修復されるか、それとも壊れたままか。
・自分が中心になって動かなくても、チームは成果を上げられるか、それとも悲惨な結果に終わるか。
・自分が相手のために物事を決めなくても、相手は自分ごととして責任を引き受けるか、それとも役立たずで、子ども扱いされる存在であり続けるか。

③主に「コントロールしたがり」を試すリトマステスト

・会話が予想外の方向へ進んだ場合、私が「正しい方向」へ正さなくても、どうにか身になる結果が得られるか、それともすっかり行き詰まるか。
・自分が考える最重要事項についてチームが話し合っていなくても、いずれ議題に上がるか、それともチームは必須の任務に取り組まないで終わるか。
・自分が完全な指揮権を握っていなくても、自分はこの先も仕事を続けられるか、それともキャリアの終わりを迎えるか。

▽テストを実行しよう

これら一連のテストは飛ばしておこう、と思いたくなるのは十分理解できる。それなりの覚悟が必要だし、あとで振り返って、何が起きたか、自分の推測とどう違ったか、いちいち内省しなければならない。

しかし、このテストを飛ばすと、大事な学びの瞬間を失うことになる。学びの瞬間だけでなく、アドバイス・モンスターを手なずける瞬間をも逃してしまう。実際やってみて、最悪は起こらなかった、自分は難を逃れるどころかより活躍していると気づいたときに、アドバイスの罠から自由になるときが訪れるのだ。

▽自分に課してみようと思うテストは？

現状維持の
力は強い。
ダークサイドの
世界は手強いのだ。

実践編 5

▽拒否できない力

映画『ゴッドファーザー PARTⅢ』は、前2作に比べると厳しい評価をよく受けるが、それでもいくつかの名ゼリフがある。その1つが、アル・パチーノ演じるマイケル・コルレオーネが挫折と苦悩の中で漏らす言葉だ。

「やっと足を洗えたと思ったら、やつらに引きずり戻されるのか！」

強引に引き込むのはマフィアだけではない。あなたがこれまでやってきたすべてもそうだ。現状維持の力は強い。あのダークサイドの力（しかも、油で揚げて白砂糖をまぶしてある）を思い浮かべてほしい。それは本当に強いのだ。私たちが闘わなければいけないのは、現状を維持したがる自身の原始的な脳だ。それはこう訴える。

「変化は失敗をもたらす。だから今までとまったく同じとおりにやろう。ご協力に感謝する」

「コーチングの習慣」を身につける過程で、昔の働き方に戻ってしまうときはあると知っておいたほうがいい。それは避けられない。ある段階で、自分の中のアドバイス・モンスターが優位に立つときがある。

改めて言うが、これは難しい変化なのだ。アドバイス・モンスターに翻弄《ほんろう》されていると気づいても、自分を責めないように。しかし、対策は立てておこう。

①「どうにでもなれ」症候群に陥らない

アイスクリームに手を出さないと決めたとする。数日間は問題なく過ぎる。しかし途中のどこかで邪魔が入り、気がつくと台所で○○味（←大好きなフレーバーの組み合わせをここに入れる）のアイスの容器を片手に持ち、もう一方の手でスプーンを握っている。すでに食べたあとのスプーンだ。ああ！　挫折した。ええい、もうどうにでもなれ。そう思って、残りのアイスクリームを食べてしまう。

これと同じ経験をしていなくても、1つのたとえ話として考えてほしい。新しい習慣を身につけようとする人がよくたどる道なのだ。小さな罪を犯してしまう……そこから、どうせひびが入ったのなら、すっかり壊してしまえと捨て鉢になる。このパターンは避けよう。

相手に少し長く関心を持てなかった、あと少し待てたのにアドバイスをしてしまったという瞬間は遅かれ早かれ、いやおそらく早い段階で訪れる。問題はない。しかし、それを理由にアドバイス・モンスターを野放しにして、会話を最後までアドバイス祭りにしてはいけない。関心を持ち直して、相手に質問をすればいいのだ。

「力は
求められる
とおりに
発揮できない。
日頃の訓練に
基づく力しか
発揮できない。

古代ギリシア詩人アルキロコスの言葉を、
アメリカ海軍特殊部隊が少し間違って
引用したとされる」

②アドバイス・モンスターを再度手なずける

黒帯になっても人は道場に通う。基本の型を練習するため、より小さな円を描くためだ。マイケル・コルレオーネのように引きずり込まれそうになっても、意識的に自分を引きずり出せばいい。

本書のPART1に戻って、難しい変化のプロセスを改めてたどろう。同じ川に2度足を踏み入れることはできない［訳注・あらゆるものは時間とともに変化するという意味。古代ギリシアの哲学者ヘラクレイトスの言葉］。自分と自分のアドバイス・モンスターについて新たな気づきを得るだろう。リセットして改めて基礎を築き、次の会話に向けて準備する機会になるはずだ。

サミュエル・ベケット［訳注・アイルランド出身の劇作家］が、独特の愛想のない調子で非常に簡潔に言っている。「すでに挑戦した。すでに失敗した。問題ない。再び挑戦すればいい。再び失敗すればいい。上手に失敗すればいい」。失敗を重ねながら、やがて揺るぎない「コーチングの習慣」を身につければよいのだ。

PART 3

コーチングの習慣をものにする

可能な限り
与える。

The Advice Trap 01

寛大になる

▽3つの寛大さ

私が立ち上げた「ボックス・オブ・クレヨンズ」社には、組織として重要視するコア・バリューが6つある。その1つが「気前よく、寛大であれ」だ。これは何かを他人に譲るという以上の意味を持つ。もちろん譲るのは素晴らしい行為ではあるが、それよりもここでは、状況や他人の最も良い点に注目して歓迎し、受け入れる心を示す。

寛大さはベテランのコーチたちが常に使うツールで、3つの意外な使い方がある。コーチらしい行動にこれらを組み入れると、いっそうパワフルな会話ができるようになる。

①沈黙に寛大になる

1つ目の使い方として、深い会話をするために、沈黙に寛大になることだ。沈黙をツールとして上手に使いこなすまでには、大体次のような段階を踏む。

ステージ1……最初は誰もがそうだが、沈黙に対して大きな不安を持っている。沈黙は何がなんでも埋める！　負けるな！　暗闇を光で満たし、沈黙を音で満たすのだ！

ステージ2……沈黙を試してみるが、ずっと息を凝らしている。不快な椅子の端に座っているかのような心持ちだ。

ステージ3……沈黙を温かくて心地よい場として歓迎し、相手に提供できる。それは、自分を包み込む使い古したソファのような場所だ。

沈黙に寛大になることで、相手に寄り添い、相手も自身と向かい合い、双方が「今ここにいる」ことを感じられる空間が生まれる。そこで相手は息をつける。そして、こうささやかれたような気分になる。「ここは面白い場所ですよ。少しだけでも過ごしていきませんか」

長い時間でなくてもいい。ときには3秒、5秒の沈黙でも、コーチングの会話のほぼすべてを変えることができる。

沈黙に寛大になると、会話の中の微妙な気づきが発展し、実を結ぶこともある。

② 透明性について寛大になる

2つ目の使い方は、会話の進行と自身の気持ちについて率直になるということだ。

初めは、会話の進行に問題があると明かすのに大きな不安を持っている。問題があるとは打ち明けたくない。最善を尽くしているが、次第にその場しのぎで会話を進めるようになっている。話に退屈している、混乱している、話が見えない、などと絶対に相手には告げたくない。それを言えばメンツを失い、不確実な混乱の世界に屈してしまう。

しかし、コーチングのさまざまなツールを練習して、いくつかの質問や振る舞いを使いこなせるようになると、「胸襟を開く」気になる。「真の課題を見つけ出す」の項で紹介した、曖昧化を伝える言葉を参考にしてもいい。ほかのことを考えていたために話に集中できなかったと謝る場合もあるだろう。そうして自身や現状について率直に認めるのは、大失態になるより、むしろ少し人間らしい会話へと導くともいえる。

ついに寛大な心で率直になる段階に至ると、会話の進行について起こったままを相手に伝えられる。オズの魔法使いのような隠し事はしない。以前にも増して存在感を発揮しながら自分の心の内を伝えるのだ。退屈している、わくわくしている、混乱している、あなたのためになっているか自信がない、という具合に。

会話がうまく進むよう1人ですべて責任を持つのではなく、起きている問題について言及して、相手も同様に感じていないか尋ねる。もし相手が同意すれば、2人で対処すればいい。透明性に対して寛大になると、「仲間」「見通し」「地位」「自主性」が増大し、TERA指数が引き上げられる。

私は深く息を
吸い込み、
心の中の
古い自慢話に
耳を傾けた。
私が、私が、
私が。

――シルヴィア・プラス

自分の心のうちを相手に伝える。

③ 寛大に評価する

3つ目の寛大さは、他人の素晴らしさを認める技術だ。離れたところで感心するのではなく、その人がいかに重要か本人に直接伝えるのだ。沈黙の場合と同様、3つの段階をたどる。

ステージ1……評価することについて大きな不安を持っている。ほめてはいけない、相手が自己満足に浸って手を抜いてしまう！　ぴしゃりとむちを打とう、ぴしゃりと厳しく言うのだ！

ステージ2……相手を評価してみる気になり、まずは主にその人が成し遂げたことに注目する。「いいプレゼンテーションだった」「良い出来のレポートだった」などと伝える。任務を達成した点を評価して、Aマイナス（または少なくともBプラス）を与える。

ステージ3……寛大に評価する自分なりの方法を身につける。相手に話しかけ、何をやったかやっていないかという問題を超えて、本人の資質を認める。その人の特性に光をあてる。

度胸がある、負けん気が強い、斬新な考え方をする、落ち着いている、向学心がある、常に周囲を支える、寛大である、物事に前向きだ、謙虚だ、楽天的だ、粘り強い、几帳面だ……など、ほかにも気がつく点を挙げればよい。

相手が苦境にいるとき、次のような言葉がどれだけ本人の救いになることか！

「あの仕事がうまくいかなかったのは知っている、難しかったのは知っている、失敗したと思うのはわかる、それでもあきらめずにまた挑戦しようというあなたの気概をまず評価したい」

「契約を取れなかったのは知っている。しかし、あなたがこのためにどれだけ念入りに準備し、力を注いでくれたかに感謝したい」

寛大に評価するとは、何を成し遂げたかにかかわらず、その人について語る行為だ。

▽この項で最も役に立った、または大事だと思った話は？

次の項へ進む前に、寛大さに関してどんな情報を得ただろうか（自分の記憶力を寛大に受け止め、ここに書いておこう）。

The Advice Trap 02

無防備になる

できるかぎり
自分自身に
挑戦する。

▽コーチングを進んで受ける

本を読まないと良い物書きにはなれない、といわれる。そのとおりだと私も思う。コーチを目指す場合も同じだ。コーチングを進んで受けられる人が、優れたコーチになる。

それは、集中力や勇気、再起する力の増大など、コーチングを受けて得る直接的な利益——あなたがコーチらしく行動したときに相手に与える利益と同じ——だけの話ではない。共感、マインドフルネス、謙虚さというリーダーシップの原則に立ち返ることができる。学ぶということについて理解できる。「アハ・モーメント」の瞬間をありがたく感じられる。そして、無防備でいることの利点や不安を経験できる、というわけだ。

読者の皆さんはきっとこう思っているだろう。

「ちょっと待って。アドバイスを減らそうとこの本を読み始めたのに、無防備になるって？一体どうしたらそんな話になるんだ？」

もし無防備さが力の保持や管理とどこか関係があるとすれば、無防備になることの1つに、コーチングを進んで受けようと思うことが挙げられる点だろう。形だけのコーチングを受けるのではなく、パワフルな質問によって自分の内面を開く覚悟を持つのだ。

私はこれまで、コーチになる訓練を始める前から20年以上、別の人からコーチングを受けてきた。しかしその大部分の期間、私は真にコーチングされるのを避けてきた。

コーチが使う技は大体知っているし、私は素早く考えてしゃべる人間なので、コーチングされているふりをするのは得意で、触れられたくない弱みには立ち入られないようにしてきた。これは、とてつもなく不愉快な行為だ——コーチにはきっとそうだろうし、私には間違いなくそうだ。求めているのだけど、求めていない。「現在の自分」が「将来の自分」を打ち負かしているのだ。

しかし、私はこの態度を直そうと努力し、少しずつ改善してきた。その過程で、コーチングをより良く受けるために私が学んだことを述べていきたいと思う。

▽打ち明ける

コーチングを受けている最中の自分は少々つかみどころのない態度をとるだろうと自覚するところから始めよう。これは、あなた自身の問題ではない。TERA指数とアドバイス・モンスターがかかわる問題だ。脳の原始的な部位は、自分を守り、安全な場所にかくまって危険を遠ざけ、他人に振り回されないように力を尽くすだろう。

未来の
リーダーなら、
人にどう
質問すべきか
心得て
いるだろう。

——ピーター・ドラッカー

コーチングを受けると、これまでの思考や行動、これまでの自分から一歩踏み出すよう導かれる。それは魅惑的であると同時に、不安を感じさせる体験だ。よって、コーチングされるのを回避するために自分がどんな手段を使うのか、自身に対して素直に認めよう。自分だけのパターンや方法があるはずだ。

核心に触れたくないために話を逸らしたりしていないか？　専門家の立場を最大限に利用して、質問される前に答えを「用意」してはいないか？　いかにも悲惨でみじめな状況にいると演じて、そこから救うのがコーチの仕事だと暗に迫ったりしていないか？　静かな抵抗として、情報をできる限り少なく出して表面上の会話で済ませようとしていないか？　無関心な傍観者として、会話に真にかかわるのでなく眺めてはいないか？

どっちつかずで、はぐらかす自身の態度を直視するのは、まず素晴らしいスタートだ。

次に、そんな自分をコーチングする相手に対しても素直に認めよう。相手との関係がかしこまったものでもそうでなくても関係ない。自分のコーチング回避の手段を伝えるのだ。この作業は「つき合い上の契約」だと私は考える。これは、コーチングする相手と自分が何について取り組むかではなく、ともにどう取り組むかについて話し合う作業だ。

会話の内容ではなく、２人の関係性と会話のプロセスについて確認し合う。はじめは互いにぎこちなく感じるかもしれないが、ほかと同じで実践するうちに慣れてくる。この話し合いは、互いに情報をやり取りすると最もうまくいく。質問をして、その回答を受けて、自分の場合を話すのだ。

参考になりそうな質問と、回答を受けての言葉をいくつか紹介する。

- 過去に、今の私たちのように人とうまく会話が進んだとき、何が理由だったと思うか？　あなたはどんな役目を果たしたか？　相手はどうだったか？
- 過去に、今の私たちのように人とあまり話がはずまなかったとき、なぜ本題に入れなかったと思うか？　あなたにどんな原因があったと思うか？　相手の場合は？
- あなたが自分で望むほど会話に入り込めていないとき、どうしたら私はそれに気づけるか？　私の場合、話しづらい会話を回避したいときにはこんな態度を取る。
- あなたが答えにくい質問を避けたり、どっちつかずの態度をとったりするのに気づいたら、私はどう行動すればよいか？　こうした態度に私たちはどう対処すべきだと思うか？　私ならこうするし、私たちもそうできたらいいと思う。

こうした質問に明快に答えるのは、（少なくとも最初のうちは）簡単ではない。しかし、回答の精度がどうであれ、このような話し合いを持つのはとても有効だ。会話に対する自分の姿勢や対処法、そしてしかるべきときにはどう会話を修復するかについて、きちんと伝えているからだ。私自身が特に勇気を出せたりはっきり言葉にできたりしたときには、次の点を相手に伝えてきた。

- 私は対立するのが苦手なので、状況が悪化し始めると耐え続け、最後に爆発してしまう。
- 私は忠実なタイプで、それはそれで良いのだが、あなたにそれほど異議を唱えることはしないかもしれない。
- 私は序列を嫌うので、あなたが優位に立とうとしたときには反発する。このような場合、自分の地位を守らなければいけないのに、手放すときもある。
- 心の中の問題で核心を突かれるのを避けるために、あなたにいろいろな考えをふっかけて惑わそうとすることがある。
- 私は「偽って同意する」ときがある。「そうですね」と言っても、それに納得しているのではなく、そういう意見をあなたが持っていることに同意しているだけだったりする。
- 私は強い責任感を持つよう仕向けられるのが好きだ。抵抗していると見えても、本心は違う。

コーチングは、
自らの
自由に
対して
責任を
持つよう促す。

▽居心地の悪さを覚悟する

コーチングを受けるとは、いくつかの質問におとなしく答えるだけのことではない。それはあくまでプロセスであり、より深い地殻変動が同時進行している。コーチングとは自主性や独立心、さらにはピーター・ブロックが指摘する「自らの自由に対する責任」を養い、あと押しする、より大きなゲームなのだ。

これもブロックの説だが、己の力を行使して、選択するという責任を引き受けるとき、2つの感情が湧き上がる。1つは正しい選択をしたのかという不安、もう1つは、受け入れることもできた選択肢を拒んだことへの罪悪感だ。

見返りとして得られるもの――ダニエル・ピンクが仕事や生活に必要だと説いた自主性、専門性、目的意識――と照らし合わせても、やはりそれは居心地が悪い。

▽自分で自分をコーチングする

コーチングの質問は必ずしも誰かに聞いてもらわなくても、自分自身で聞いてもいい。現状や自身について考えさせたり新しい視点に気づかせたりする質問に答えなければいけない機会が多いほど、コーチングされるのがうまくなる。

これは、ある程度の自主規制が必要になる。頭の中の会話は油断ならないからだ。答える気満々で自らに問いかけ、自己洞察という高速道路を勢いよく走り出すのだが、気が散って高速から脇道へと降りていき、最後にはつまらない袋小路で行き詰まってしまう。

それよりも、自分の質問に対して回答を書き出してみるのはどうだろう。日誌をつける利点について述べる文献は限りないほどある。結局は、ペンと紙と、考えて書くための少しの時間をつくる意志さえあればできるのだ。

▽環境を整える

行動変化を促し、維持するための環境は軽視されがちだが、環境は有利に使うべきだ。コーチングを受ける場所を適切に選ぶことで、効果を上げられる。つまり、あなたが恵まれているかタイミングが良ければ、邪魔が入らないだけでなく、普段自分に課している自己像からも離れられる場所を選べるのだ。私の場合、ラップトップを置いていつもメールを書いているデスクに座ると、身体と脳には「仕事を片づけろ、行動しろ！」というモードに入る。

このため、私がコーチングを受けるときは電話やＺｏｏｍが多いのだが、このデスクからわざと離れるようにする。何かをやるモードではなく、内省するモードに入りたいからだ。建物の中をぐるぐる歩き回りながら話すときが多い。動いているほうが話したり考えたりしやすいのだ。

▽最初に自己点検する

もう少し手軽な手法もある。コーチングをいつ行うかがわかっている場合、どんな姿勢で臨むつもりか事前によく考えておく。この手法が自分に合うなら、会話が始まった瞬間にも実践できる。数秒を使って、良い会話に向けて自分を整えるのだ。ゲーム前に最適な状態に入るためのちょっとした儀式と考えよう。これも１つのプライミング、つまりスイッチを入れる行為にあたる。

最善の状態に入るための質問を２つか３つ、自分に投げかける。ただし「最善」の定義は決めておいたほうがいい。質問の答えはごく簡単で大丈夫だ。実際、たとえば１（「まったくできない」）から７（「完全にできる」）までの数字の評価で事足りる。私が便利に使っている質問をいくつか挙げる。

・どのくらい積極的に会話にかかわれそうか？
・どのくらいのリスクなら許容できそうか？
・自分の混乱ぶりをどの程度見せられそうか？
・どれくらい無防備になれそうか？
・自分のベストの将来像のために、どのくらいコミットしているか？

▽コーチングする、される

おそらく読者の皆さんはすでにわかっているだろうが、念のため書いておく。上手にコーチングされる、つまり、より無防備な状態に身を置いてコーチングから多くを学ぶための以上の方法はすべて、あなた自身が誰かにコーチングをするときにも役に立つ。

▽この項で最も役に立った、または大事だと思った話は？

この項では、心を開いて学ぶことについて取り上げた。さっそく実践してみよう。自分にとって最も参考になる話を書き留めてほしい。

The Advice Trap 03

アドバイスをする

アドバイスをするなら、上手にしよう。

▽常にすべてコーチング、というわけではない

本書を通じて、私は「アドバイスは急いでするのではなく、ゆっくりしよう」と言ってきた。決して「アドバイスを絶対にするな」とは言っていない。アドバイスは、場所とタイミングを選んですべきだ。そして、アドバイスすべき状況であれば、上手にやってほしい（皮肉に聞こえるだろうか？）。良いアドバイスを適切な状況で適切に伝えるための４つの戦略を挙げる。

▽アドバイスを適切に伝えるための戦略その１　認識する

アドバイスをするのが適切なときをまず知ろう。聞かれたら即答すべきときがある。「そのファイルはどうしたら見つけられますか？」という質問には、「ここで取り組むべき本当の課題は何だと思いますか？」と問いかけるより、ファイルの見つけ方をさっさと教えてあげるほうがおそらくベストだ。また、最終的に責任を負う段階になったら――そのような段階であってほしいという本心を「コントロールしたがり」が言っているのではなく、本当に最終的な段階であることを確認したうえで――必要な決断を下せばよい。

▽アドバイスを適切に伝えるための戦略その2　減じる

上司が何をすべきか言うと、どのようなことが起こるか。そのとおり、その場にいる全員がうなずき、その提言を書き留めて、これをしていれば間違いないと思う。確かに、少々大げさに書いている。あくまで少々、だ。

意見を述べる際に、自信のほどをやや抑えると、周囲に与えるプレッシャーを減らせる。聞く側にとっては、従うべきだというプレッシャーが小さくなる。言う側にとっても、その意見が正しくて最善で有効でなければいけないというプレッシャーから少し解放される。

アドバイスをする際に、次のような一言を加えると、「私が言っているからには、正しいに決まっている」オーラを減じることができる。いずれも効果は実証済みだ。

- 可能性として高いのは……
- 間違っているかもしれないけれど……
- （これでうまくいくかどうか／これが役に立つかどうか／これが1つの選択肢になるかどうか）確信はないけれど……
- あくまで1つの（アイデア／選択肢／考え）だけれど……

・まったくの的外れかもしれないけれど……

▽アドバイスを適切に伝えるための戦略その3　押し出す

まさに今こそアドバイスをすべきだという瞬間であれば、はっきり言おう。そのほうがやりやすいのなら、これはアドバイスですとはっきり伝えてもいい。「私なりのベストのアドバイスとして言います」といった具合だ。

きびきびと、明確な態度で話そう。あなたがアドバイスを伝えていると相手がしっかりわかることが大事だ。

▽アドバイスを適切に伝えるための戦略その4　結果を聞く

最後のステップとして、自分のアドバイスが相手にどう受け止められたか確認する。役に立っただろうか？　実際に問題を解決したか？　便利に使える表現をいくつか挙げる。

・わからなかったことが見えてきましたか？
・知りたかったのは、このことですか？
・適切なアドバイスだったでしょうか？
・今言ったことで、何か新しい考えが浮かんできますか？

▽アドバイスをするのはリーダーの重要な仕事

心理学者のダニエル・ゴールマンは2000年に『ハーバード・ビジネス・レビュー』誌に「Leadership That Gets Results（結果を出すリーダーシップ）」という画期的な論文を寄せた。その中でゴールマンは、研究に基づいて分類した6つのリーダーシップについて述べている。それぞれに長所と短所があり、それぞれを必要とする状況も異なる。コーチングは、リーダーシップのスキルとして活用度が最も低かったものの、組織の文化や従業員のエンゲージメント、最終的な結果を推し進める明確な原動力とされていた。コーチのようになることを私が熱心に皆さんに勧める理由もそこにある。

ただし、コーチングは6つのリーダーシップの1つ「コーチ型」として挙げられている。ほかのリーダーシップのうち「強圧型」「先導型」「権威主義型」の3つは、アドバイス行為にかかわるといえる。最初の２つが職場の文化に悪影響を及ぼすという点は興味深くはあるが、アドバイスをすること自体はすべてのリーダーが持つべき技能に含まれている。とはいえ、アドバイスをするなら上手にしよう。

▽ここで私からアドバイスを。この項で役に立った話を書き出そう

今私が何をしたか、わかりますよね。

CONCLUSION

裸で舞台へ

私はオーストラリアで法学の学位を取った。正直に言って、成績はあまり良くなかった。主として、この学科にあまり興味を持てなかったのだ。その後の人生について感触を得ようと、ローズ奨学生としてイギリスのオックスフォード大学へ渡ることにしたが、当時、私は法学の大学講師から名誉毀損で訴えられていた。話せば長くなるが、大学が私に関する見解をめぐり混乱するさま（「彼がいけない！」「彼は正しい！」）を眺めるのは、面白くはあった。

そんなオーストラリアの法科大学院で楽しかったと間違いなくいえるのは、「ロー・レビュー」という見せ物だ。毎年、学生たちが集まって、歌や寸劇からなるコメディー・ショーを催すのだ。かのケンブリッジ大学フットライツ［訳注・ケンブリッジ大生が運営する著名な演劇クラブ］のキャンベラ［訳注・筆者の母校があるオーストラリアの首都］版とでもいおうか。

数年にわたり私はあらゆる寸劇に出演した。皆と裁判官姿で一列になってカンカンダンスを踊ったり、オーストラリア首相に扮してギルバート・アンド・サリヴァン［訳注・19世紀後半イギリスで喜歌劇を制作した2人組］の「I Am the Very Model of a Modern Major-General［訳注・博学ぶりを自慢する将校を揶揄した歌、早口で歌うため滑稽味がある］」を歌ったりした。

しかし、ハイライトはなんと言っても「シンクロナイズド・ヌード・メイル・モデリング」だろう。シンクロナイズドスイミングと男性版レビュー「Thunder from Down Under」［訳注・半裸の男性たちが舞台で踊るラスベガスのショー」の中間をイメージしてくれたらいい。友人のサイモン（今はシリコンバレーでCEOをしている）と私が裸で観客に背中を向けて舞台に立ち――尻をしっかり、いや魅力的にと言うべきか、突き出して――、バレエのようなポーズをあれこれして見せた。それを何かとほのめかしながら実況してくれる役割の人間もいた。あれがYouTubeの時代でなくて、本当によかった。読者の皆さんのためにもよかったと思う。

しかし、初めて服を脱ぎ捨て舞台へと飛び出していった、あのときほどアドレナリンが大量に出た経験はその後いまだない。おそろしくも全身がしびれる瞬間だった。会場がしんと静まり返り、直後に笑いの渦が巻き起こったあの場面は今でも頭に思い浮かぶ。

あまりに鮮烈で身体に刻み込まれた記憶なので、「裸で舞台へ」は、私の大事な価値観を示す言葉になった。挑戦を受け入れ、果敢に挑み、ユーモアを見出し、ここが境界線に見えてもたぶんそうではないと考える。そのことを常に思い出させる言葉なのだ。

さて次はあなたが裸になる番だ。もちろん、文字どおりの意味で言っているわけではない。ただこの本は、自分という人間の境界線に迫り、深呼吸をして、「将来の自分」に向かって踏み出そうとお誘いしている。リーダーとしてのあり方を変えて、あなたのチームや組織、そして何よりもあなた自身を変えるチャンスなのだ。

自分自身の「コーチングの習慣」を打ち立て、アドバイスの罠を回避し、自分の中のアドバイス・モンスターを手なずけよう。

あなたの仕事とあなたという人に感謝を捧げる。

著者記す

The Advice Trap

おまけの特別な宝箱

▽ダブルクリック

興味を持ったものを探りたいときはダブルクリックする、と私たちは習ってきた。この本では、アドバイスを減らしてよりコーチらしく振る舞うために大事だと私が考えることを伝えてきた。その土台に興味があるなら、探る場所があるので紹介したい。

初めのセクションでは、さまざまな分野の私の「イチ推し」を集めた本棚に最近加わった書籍を紹介している。その後のセクションは「ボックス・オブ・クレヨンズ・ラボ」で、この本で言及した理論や実践を支える研究について、参考情報や説明を掲載している。

▽私がイチ推しする本たち

蒸留酒のビジネスにとって今は素晴らしい時代だ（少しおつき合いいただきたい、すぐに意味がわかるはず）。皆さんの好みが何であれ――私の場合はバーボンだが、ジンとウオッカも同じくらい好きだ――、すてきなブランドが毎日のように店の棚に登場する。まさに蒸留酒のカンブリア爆発で、どんな新しいブランドが加わったかチェックするのはとても楽しい。

前著『リーダーが覚えるコーチングメソッド』では、習慣のつくり方、変革、戦略、ほかあらゆるトピックにわたり私がイチ推しする経営書を「持つべき1冊」としてお勧めした。

しかしそれも4年前のことだ。新しいビジネス書は常に出版されている。どれだけの本が長く読まれ続けるのだろうか。新しいバーボンが私の家の棚に並んでいるように、新しい本も本棚に並んでいる。その中から、私が心から楽しんだ12冊を紹介する。

（もちろん、書籍だけでなく、ポッドキャストやＹｏｕＴｕｂｅ、パブで会う友人など、知識を授けてくれるものはほかにもある。それらはすべて素晴らしい。そのうえで、優れた本を私は愛している）

▽組織変革に関する洞察を得る本

①リーダーシップのスキルとしてコーチングの重要性を示す本を1冊だけ読むなら……

『ザ・マネジャー 人の力を最大化する組織をつくる』ジム・クリフトン、ジム・ハーター著（日経ＢＰ、２０２２）

著者の2人はギャラップ社の人間なので、ここに書いてあることはすべて何億兆トン分ものデータに支えられている。彼らによると、経営者や各部門長の質は組織の成功を決める最大で唯一の要因であり、コーチングが欠かせないスキルであることがわかったという。そのとおりだ！

②いかに組織に変化を起こすかについて1冊だけ読むなら……

『How to Lead a Quest（探索の道をどう進むか）』ジェイソン・フォックス著（未邦訳）

著者のジェイソンは、才気あふれる、良い意味で独特の癖がある人物だ。最新の複雑系科学と心理学を日常の冒険に書き換えて、破滅のクラーケン〔訳注・伝説上の海の怪物〕に立ち向かうのを助けてくれる。彼のニュースレターは登録の価値がある。

③職場の現状維持をいかに打破するかについて1冊だけ読むなら……

『NO HARD WORK! 無駄ゼロで結果を出すぼくらの働き方』ジェイソン・フリード&デイヴィッド・ハイネマイヤー・ハンソン著（早川書房、2019）

著者のジェイソンとデイヴィッドは、ソフトウェア開発「ベースキャンプ」社の共同創業者で、官僚的な制度や手続きを廃し、人間を中心に据えたスマートな職場作りに長く貢献してきた。この本には、（ウェブ上で活動する、小規模で資金豊富な企業の経験を元にした）魅力的な考察や提言が詰まっている。

▽チームの生産性に関する洞察を得る本

①どんなときに何を言うべきか学ぶために1冊だけ読むなら……

『ずばり、どう言えばいいのか あなたの会話力を向上させる「魔法の言葉」』フィル・M・ジョーンズ著（パンローリング、2019）

手軽に読めて多くを学べる。営業向けの本と位置づけられているが、語られる視点や考えは、それ以外の幅広い現場で通用する。特にオーディブルで聴くことをお勧めする。

②厳しいことを正しく言うために1冊だけ読むなら……

『GREAT BOSS シリコンバレー式ずけずけ言う力』キム・スコット著（東洋経済新報社、2019）

この本は、私の前著『リーダーが覚えるコーチングメソッド』と本書『アドバイスしてはいけない』の最高のダンスパートナーだと思う。「相手を傷つけないためにフィードバックしない」行為を「破滅的な共感力」だと見事に言い切り、そのような悪い習慣から脱するための実用的な方法を伝授する。

③より上手な問題解決法を知るために1冊だけ読むなら……

『完全無欠の問題解決 不確実性を乗り越える7ステップアプローチ』チャールズ・コン、ロバート・マクリーン著（ダイヤモンド社、2022）

著者のチャールズが、ローズ奨学金財団CEOとしてローズハウスを管理していた当時、私は彼と会っている。寛大で非常に頭が切れる人物だった。読めばすぐに賢くなれる本だ。美しくデザインされた1冊でもある。

④優れた人を集め、もてなす最高のホストになるために1冊だけ読むなら……

『最高の集い方 記憶に残る体験をデザインする』プリヤ・パーカー著（プレジデント社、2019）

パーティーであれ戦略会議であれ、人を集め、素晴らしいものを生み出す場を作り提供する力は、きわめて貴重なスキルだ。著者のプリヤは優れたTEDトークも行っている。

▽個人の生産性に関する洞察を得る本

①習慣づけについて1冊だけ読むなら……

『ジェームズ・クリアー式 複利で伸びる1つの習慣』ジェームズ・クリアー著（パンローリング、2019）

チャールズ・デュヒッグによる『習慣の力』は面白いし、文章はうまいし、よく調べられていて、色あせない魅力がある。行動変容の分野におけるケチャップのような、多くの人に愛される1冊だ。クリアーのこの本は、デュヒッグが敷いた基礎の上に、人生を良い方向へ変えるための具体的な戦略を展開する。クリアーが毎週発行する優れたニュースレターは、登録して読む価値がある。

② 人への関心と謙虚さについて3部作を1つだけ読むなら……

『問いかける技術』『謙虚なコンサルティング』『謙虚なリーダーシップ』エドガー・H・シャイン著（『謙虚なリーダーシップ』のみ共著、いずれも英治出版、それぞれ2014、2017、2020）

著者が伝えたいことは、この3冊すべてに体系化されている。エドガーは偉大な教師であり、私は彼から非常に多くを学んだ。私は密かにこの3冊をまとめて1冊と考えている。

③ 再起力について1冊だけ読むなら……

『クリエイティブと日課 浮き沈みから身を守り進みつづけるために』オースティン・

クレオン著（実務教育出版、2019）

この本は、『クリエイティブの授業 〝君がつくるべきもの〟をつくれるようになるために』から始まったシリーズの第3弾にあたる。クレオンが書くものは豊富な知識に基づいていて、品があり、常にインスピレーションを与えてくれる。彼のニュースレターもやはり登録する価値がある。

④ 計画的な人生を送るために1冊だけ読むなら……

『9ルール 自分を変える「黄金の法則」』ニール・パスリチャ著（大和書房、2022）

筆者のニールとは、トロントの住人同士ということで一緒に出かけたりする。この本は、これまでに彼が出した中で最高の1冊だ。『心に雨が降った日に開く本』など初期の本に特徴的な称賛のトーンや独特の視点と、『The Happiness Equation（幸せの方程式）』に特徴的な厳密さや綿密な調査とを組み合わせたような内容だ。

⑤ 人生に対してより楽観的になるために1冊だけ読むなら……

『FACTFULNESS 10の思い込みを乗り越え、データを基に世界を正しく見る習慣』ハンス・ロスリング他著（日経BP、2019）

私はハンスについて、その飛び抜けて優れたTEDトークを観て初めて知った。死を目前にして彼が書いたこの本は、データに基づいた楽観主義を称える内容だ。私たちが世界情勢についてどれだけ多くの間違った思い込みを持っているか気づかされ、読者は面食らいつつも楽しんで読める。

▽ボックス・オブ・クレヨンズ・ラボ（巻末注記）

21ページ　リーダーシップに欠かせない「関心」

リズ・ワイズマンが研究する「増幅型リーダー」とは、チームのメンバーを理解し、能力を伸ばして、その可能性を広げようと考える人たちだ。彼女はこんなふうに私に説明してくれた。「増幅型リーダーが部屋に入ると、そこにいる人たちの頭の中に光がともり、物事が見えるようになる。名案が浮かび、問題が解決するのです」。増幅型リーダーはメンバーを鼓舞して能力を広く発揮させ、期待を上回る結果を出せるよう導く。こうしたリーダーの核となる行動として、「関心を持つ」ことはどのくらい大事だろうか。リズが私に寄せてくれた回答があまりに良かったので、全文を掲載する。

増幅型リーダーと消耗型リーダー［訳注・部下の能力を押しつぶす指導者］の行動を比べた48項目の中で、最大の違いがあった特性が知的関心でした。また、増幅型リーダーは消耗型リーダーに比べ、チームメンバーから2倍の能力を引き出していました。企業の幹部から「どうしたら増幅型リーダーを雇えるか」と聞かれると、私は「知的関心がある人を雇いなさい」と答えます。なぜなら、知的関心を持っている人は、良い質問をする、人の話を聞く、コーチングをする、メンバーに挑戦させるといった、リーダーに求められるほかの行動もできることが多いからです。知的関心は、優れたリーダーの行動のいわば幹細胞なのです。

39ページ　マシュマロ実験

心理学テストには学界の域を超えて広く世間の興味を引くものがあるが、マシュマロ実験もその1つといえる。ＹｏｕＴｕｂｅを見ると、子どもたちが誘惑に負けまいと必死になって目の前のマシュマロをにらんでいる楽しい動画が山ほど上がっている。スタンフォード大学で行われたマシュマロ実験では、ごちそうを食べずに我慢できる子どもはその後成長してから、良い成績、良い就職、良い給料などさまざまな成功に恵まれやすいことがわかり、その結果は広く知られるようになった。

しかし最近の研究は、マシュマロ実験は注目されたほどのものではないと指摘する。この実験では子どもたちの社会的階層と経済状況が十分考慮されていないというのだ。端的に言うと、より裕福で食事もしっかり与えられている子どもは、貧しくておそらくお腹を空かせている子どもよりお菓子を我慢できる確率が高い。

81ページ　ちょっとだけでも待ってくれる？

正確な意思決定をするには、注意深くものを見分ける必要がある。つまり、タスクと関係のある情報を深掘りし、関係はないが興味をそそる刺激に惑わされないようにするのだ。これは易しいことではなく、誤った意思決定はよく起こる。人は注意深く見分けようとする前に、あれこれと情報を集め始めてしまうからだ。

それでは、良い頃合いとは？　意思決定の精度を目覚ましく上げるには、どれくらい意思決定を遅らせればよいのだろうか。この研究で、参加者は、シンプルだが難しいタスクを与えられた。画面上で、派手で気を散らす点の集まりの動きに惑わされずに、注目すべき点の集まりがどの方向へ動くかを確認するのだ。参加者は正確性を最優先するよう指示された。その結果、作業が少し遅くなったものの、大きな違いが生まれた。観察の結果、50ミリ秒の遅れによって、反応の精度が推定で75％上がったのだ。

T. Teichert, V. P. Ferrera, and J. Grinband (2014). "Humans optimize decision-making by delaying decision onset." *PLOS One* 9, no. 3, e89638. DOI: 10.1371/journal.pone.0089638.

98ページ　これはシラーズ〔訳注・赤ワイン用の黒ブドウ品種〕か？

ある1本のワインが供された。特別な理由はないが、2006年のチリ産カベルネ・ソーヴィニヨンだった。

4つの違うタイプの音楽が流された。力強い重厚な音楽（オルフの「カルミナ・ブラーナ」）、繊細で優雅な音楽（チャイコフスキー『くるみ割り人形』の「花のワルツ」）、刺激的で爽やかな音楽（ヌーヴェル・ヴァーグの「ジャスト・キャント・ゲット・イナフ」）、なめらかで穏やかな音楽（マイケル・ブルックの「スロー・ブレイクダウン」）だ。これらを、それぞれ違う参加者グループが聴きながらワインを飲んだ。

また、1つのグループ（対照群）は、BGMなしでワインを飲んだ。

5分間ワインを楽しんだあと、参加者はワインについて次の項目で評価した。ご想像のとおり、力強く重厚、繊細で優雅、刺激的で爽やか、なめらかで穏やか、の4つだ。そこには、明確な関連性が認められた。参加者が聴いていた音楽のタイプはそのまま、その人がワインの味をどう感じたかに反映されたのだ。

この結果を聞くと、私もペリー・コモを聴いている場合じゃないと思う。

A. North (2011). "The effect of background music on the taste of wine." *British Journal of Psychology* 103, no. 3, 293–301. DOI: 10.1111/j.2044-8295.2011.02072.x.

163ページ　ジェームズ・クリアーが提言する行動変化の4つの法則

クリアーの『複利で伸びる1つの習慣』は、チャールズ・デュヒッグの『習慣の力』を実践するための練習帳のような本だ。デュヒッグの「習慣のループ」に、BJ・フォッグやニール・イヤールの研究を取り入れ、行動変化の4つの法則を抽出している。4つ目については、本文で読んだばかりだろう。全法則は次のとおりだ。

①明確にする（どう始めればよいかわかる）
②魅力的にする（やりたいと思う）
③易しくする（どう進めればよいかわかる）
④満足できるものにする（達成すると気持ちよい）

181ページ　あなたは不合理だし、私もそうだ

行動経済学は、私たちがその反対であると信じたくても、人間が徹底的に不合理であることを証明してきた。その決定版ともいえる大著がダニエル・カーネマンによる『ファスト&スロー』（早川書房、2012刊、2014年に文庫化）だ。素晴らしい内容で、気軽に読む類の本では決してない。リチャード・セイラーの『行動経済学の逆襲』（行動経済学の活気ある歴史に触れられる）、キャス・サンスティーンとの共著で、より良い結果へと導く「選択アーキテクチャー」

について論じた『ＮＵＤＧＥ 実践 行動経済学』も大変面白かった。サンスティーンは、『ＮＵＤＧＥ』の議論をさらに発展させた『How Change Happens（変化はどのようにして起こるか）』も出していて、これも良書だ。

人間が持っているさまざまなねじれた認知バイアスについては、「認知バイアス」で検索してみてほしい。感情移入ギャップ、楽観的バイアス、選択バイアスなど、私たちが陥りやすい誤りのパターンが実に多くあることがわかるだろう。

コーチらしく振る舞うと2つのはっきりした結果を得られることが、研究や経験からわかっている。

1 より強い人間を育てられる
2 より優れたパフォーマンスを引き出せる

「関心」によって築かれる文化の利点

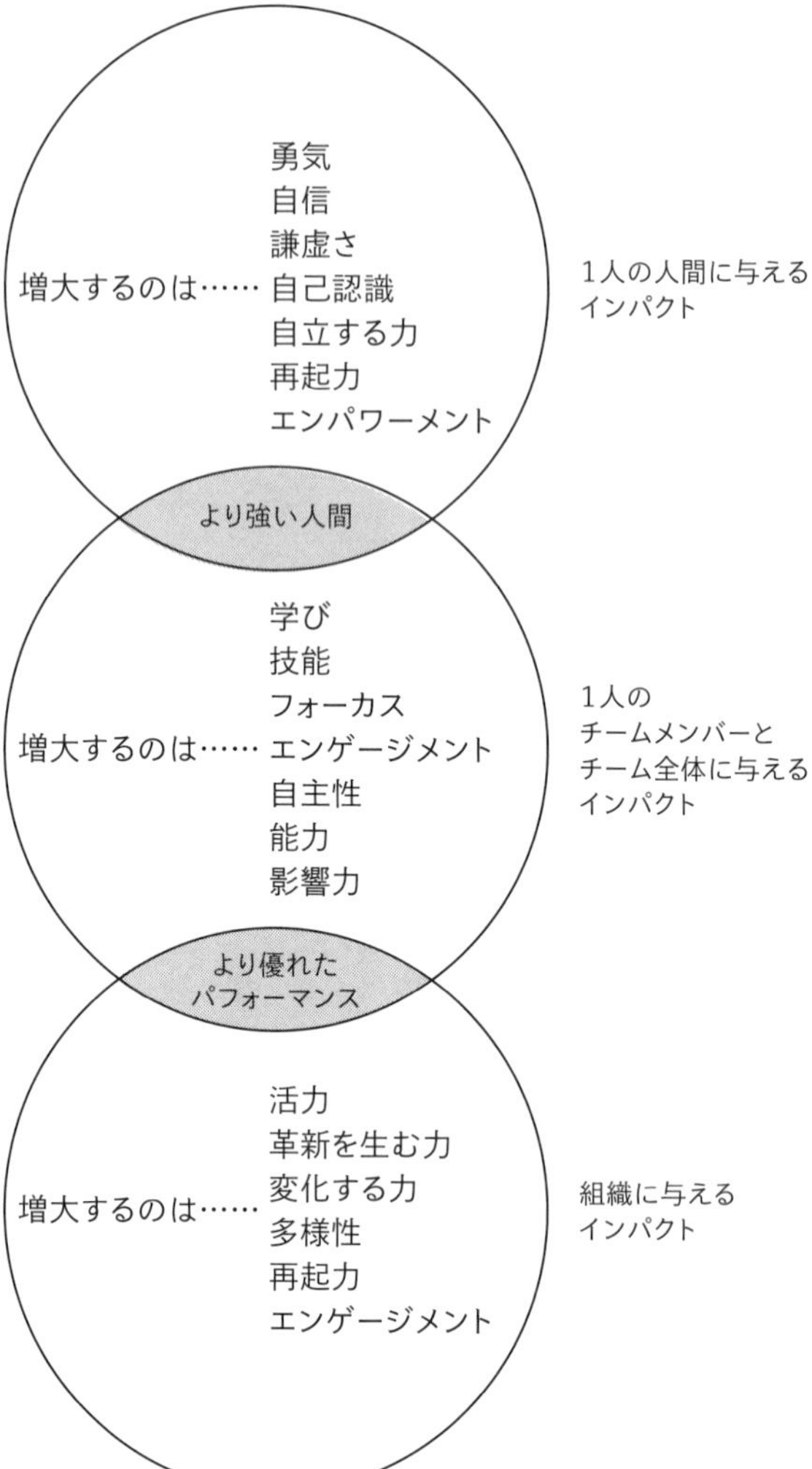
増大するのは……
勇気
自信
謙虚さ
自己認識
自立する力
再起力
エンパワーメント
1人の人間に与える
インパクト
より強い人間
増大するのは……
学び
技能
フォーカス
エンゲージメント
自主性
能力
影響力
1人の
チームメンバーと
チーム全体に与える
インパクト
より優れた
パフォーマンス
増大するのは……
活力
革新を生む力
変化する力
多様性
再起力
エンゲージメント
組織に与える
インパクト

感謝の言葉

このページを読んでいるあなたは、私の知り合い（やあ、元気ですか？）か、本を書く人だろう。後者は、どんな書籍も1人の著者ではなく、まさに大勢が寄ってたかってつくることを知っているから、この本はどうだとのぞいているはずだ。『アドバイスをしてはいけない』ももちろん例外ではなく、大勢の力で完成した。これらの方たちには、「謝辞」といういささか冷たい響きのある言葉では言い表せないほど、深い感謝の念を持っている。

まず、妻のマルセラへ。どうもありがとう。

少数の人たちによる外科的な手当てのおかげで、この本はずっと良くなり、洗練された。「アドバイスが会社を殺す」という言葉を私にくれたのはジル・マーフィーだ。サイモン・バイアリーは目に訴える本の作り方を教えてくれた。エリザベス・マーシャルは、私が気に入っていた本のタイトルを捨てて、もっと気に入るタイトルをつけるよう導いてくれた。6つの「曖昧化」の名づけについては、ルシンダ・プラット博士とエヴァン・スミスが力を貸してくれた。ミーシャ・グロウバーマンはこの本の最初の20ページを書き直したほうがいいと意見してくれ、私もそれに必死に応じてやっと承認してもらった。ティム・ノーフォークは、コーチングの利点をもっと的確かつ細やかに説明するよう背中を押してくれた。シャノン・ミニファイ博士は、アドバイス・モンスターのDNAを明確にしてくれた。

信頼できる助言者や思想家の仲間が、これまでの草稿を読み、あたるべき資料を指し示して、私をおだてながら励まし、前進するようそっとあと押ししてくれた。ブライアン・ブリテン、クリス・テイラー、クリスティン・ホール、ダン・ポンテフラクト、デイヴィッド・ピーターセン博士、エリック・クライン、ジェームズ・クリアー、ジェイソン・フォックス博士、ジェン・ロウデン、ケイト・ライ、リズ・ワイズマン、マーク・マクダニエル博士、マーク・シルバー、マーク・トンプソンとトレイシー・トンプソン、マイケル・J・レキー、モリー・ゴードン、ピーター・ブラウン博士、ピーター・ナカムラ、レイチェル・デイル、ヤサミン・ジェイコブス、皆さんに感謝を申し上げる。

この本を中心とする広範な学習環境のために、たくさんの人が貢献している。エイミー・アームストロング、アンドレア・ウェイナーストランド、キャリー・ウィレッツ、コートニー・ホーン、ギャリー・リッジ、グレン・ラリー、マイケル・J・レキー、レイチェル・デイル、トリシア・ゴートンの皆さんには、コーチングを人材管理だけではなくビジネス全体にどう位置づけるかについて洞察をもらった。

ボックス・オブ・クレヨンズ・プレスを支えてくれる出版社「Page Two」と再び一緒に仕事ができたことは大きな喜びだった。4年前、『リーダーが覚えるコーチングメソッド』を通じて幸運にも縁ができて、友情にも似た関係を続けてきた。アマンダ・ルイスがこの本の編集を担当してくれた。第2稿と今読んでいる文章との違いを見たら、読者の皆さんはきっと彼女の才能をありがたく思うだろう。ギャビー・ナーステッドはプロジェクト・マネジャーとしてまさに適任で、目標の発売日に向けて私たちは余裕を持って臨めた。ピーター・コッキングは本のデザインに関する心強い協力者で、私のありとあらゆるこだわりを受け入れてくれた。アンマリー・テンプルマンクルットは、野心的な販売計画を推し進めてくれた。そして、2人の創業者トリーナ・ホワイトと、特に私と私の仕事について発言して擁護してくれるジェシー・フィンクルスタインに、深い感謝を捧げる。

マーシャル・ゴールドスミス博士、どうもありがとう。数年前に、マーシャルが選ぶ「100人のコーチ」の輪に加わらせてもらった。マーシャルはコーチングの世界における巨人だ。彼の指導と励ましを受けられることを幸運に思う。

私がこの本にかかりきりだった間も、ボックス・オブ・クレヨンズは組織として躍進し続けた。優れた社員たちがいなければ不可能だった。幹部のシャノン・ミニファイ博士、ヤサミン・ジェイコブス、クリスティン・ホール、そしてコーチのジル・マーフィーはこの4年間、賢明に、かつ本当によく働いて大きな波を乗り越えてきた。私の補佐マーリーン・エルデマイア、私のコーチであるアーネスト・オリエントは、私が健康に生活できるよう支えてくれた。ボックス・オブ・クレヨンズのほかのメンバーたち、私たちの仲間である世界中の優秀なプログラム・リーダーたち、そしてともに仕事をする喜びと恩恵を与えてくれるたくさんのクライアントの皆さんに、感謝の念を表します。

そして最後に、改めてマルセラへ。「あなたが堅固でいてくれるから私は正しく円を描き、原点に立ち返ることができる」〔訳注・イギリスの詩人ジョン・ダンの詩の言葉〕

良いアドバイスに
耳を傾けなくて
よかった。
もしそれに
従っていたら、
私にとって非常に
価値のある
数々の失敗を
し損なうところ
だった。

――エドナ・セント・ヴィンセント・ミレイ

アドバイスしてはいけない

発行日　2024年11月22日　第1刷
2025年 1 月28日　第2刷

Author　マイケル・バンゲイ・スタニエ

Translator　深町あおい　翻訳協力：株式会社トランネット（www.trannet.co.jp）

Book Designer　装丁：西垂水敦（krran）
本文＋DTP：小林祐司

Illustrator　タダユキヒロ

Publication　株式会社ディスカヴァー・トゥエンティワン
〒102-0093　東京都千代田区平河町2-16-1 平河町森タワー11F
TEL　03-3237-8321（代表）03-3237-8345（営業）／FAX　03-3237-8323
https://d21.co.jp/

Publisher　谷口奈緒美
Editor　千葉正幸

Store Sales Company
佐藤昌幸　蛯原昇　古矢薫　磯部隆　北野風生　松ノ下直輝　山田諭志　鈴木雄大　小山怜那　藤井多穂子
町田加奈子

Online Store Company
飯田智樹　庄司知世　杉田彰子　森谷真一　青木翔平　阿知波淳平　大﨑双葉　近江花渚　徳間凜太郎
廣内悠理　三輪真也　八木眸　古川菜津子　高原未来子　千葉潤子　川西未恵　金野美穂　松浦麻恵

Publishing Company
大山聡子　大竹朝子　藤田浩芳　三谷祐一　千葉正幸　中島俊平　伊東佑真　榎本明日香　大田原恵美
小石亜季　舘瑞恵　西川なつか　野﨑竜海　野中保奈美　野村美空　橋本莉奈　林秀樹　原典宏　牧野類
村尾純司　元木優子　安永姫菜　浅野目七重　厚見アレックス太郎　神日登美　小林亜由美　陳玟萱
波塚みなみ　林佳菜

Digital Solution Company
小野航平　馮東平　宇賀神実　津野主揮　林秀規

Headquarters
川島理　小関勝則　田中亜紀　山中麻吏　井上竜之介　奥田千晶　小田木もも　佐藤淳基　福永友紀
俵敬子　三上和雄　池田望　石橋佐知子　伊藤香　伊藤由美　鈴木洋子　照島さくら　福田章平
藤井かおり　丸山香織

Proofreader　株式会社 T&K
Printing　中央精版印刷株式会社

ISBN978-4-7993-3106-4